계층이동의 사다리

A Framework for Understanding Poverty. Fourth revised edition.
by Ruby K. Payne
Copyright ⓒ 1996. Revised 1998, 2001, 2003, 2005.
by aha!Process, Inc. All rights reserved.

Korean translation copyright ⓒ 2011 by Golden Lion Books.
Korean translation rights arranged with Aha!Process, Inc.
through Columbine Communications & Publications.

이 책의 한국어판 저작권은 Columbine Communications & Publications를 통한
Aha!Process, Inc.와의 독점 계약으로 '황금사자'가 소유합니다.
저작권법에 의하여 한국 내에서 보호를 받는 저작물이므로 무단전재와 복제를 금합니다.

빈곤층에서 부유층까지, 숨겨진 계층의 법칙

계층이동의 사다리

루비 페인 지음 | 김우열 옮김

| 한국의
| 독자들에게

이 책의 집필 의도는 빈곤층을 지원하고 가르치는 교사, 그리고 빈곤층과 함께 일하는 비즈니스맨과 복지가 등을 돕기 위한 것입니다. 제가 이 글을 쓴 취지는 가난의 원인을 모두 아우르려는 것도 아니고, 성별, 인종, 장애, 질병, 고용, 약물 중독, 범죄, 그리고 사회 체제와 연관된 문제 등 다양한 요인을 모두 살펴보려는 것도 아닙니다. 이들 문제와 연관된 내용은 다른 저자들의 저작을 통해 많이 소개되었습니다. 이 책은 사회 경제 계층을 인지적 관점에서 살펴보고, 가난한 환경에서 살아가는 이들에게 흔히 발견할 수 있는 사고 방식을 조망하기 위한 것입니다. 이 책에서 저는 한 세대의 지식이 다음 세대로 전달되는 과정에 주목하여, 학교와 비즈니스 환경에서 적절히 기능하는 데 필요한 인지적 도구들을 이야기하려고 합니다.

이 책에서 다루는 기본적인 내용은 다음과 같습니다.

❶ 대물림되는 가난을 정의한다.
❷ 교육받는 데 필요한 도구와 자원을 알아본다.

❸ 중재 전략을 다룬다.

❹ 교육을 통해 지식이 다음 세대로 전달될 수 있는 가능성을 높인다.

❺ 대물림되는 가난에 처한 사람들의 사고 방식을 알아본다.

❻ 빈곤층·중산층·부유층에서 형성되는 '불문율'을 알아본다.

이 책을 비판하는 목소리가 없지는 않습니다. 고등교육 기관의 사회 정의 부문에서 주로 비판의 목소리가 제기되는데, 이들은 사회적 결정론을 이론적 토대로 받아들입니다. 다시 말해 이들은, 빈곤층의 모든 문제가 사회 체계와 착취의 모순에서 양산된다고 생각합니다. 물론 사회 체계 때문에 발생하는 장벽은 있습니다. 그러나 이 책은 그런 장벽에 초점을 맞추지 않고, 서로 다른 사회 경제적 환경에서 생겨나는 여러 계층의 사고 방식과 마음가짐을 인지적으로 다룹니다.

이 책이 대물림되는 가난에 처한 학생이나 근로자뿐 아니라, 친구와 여러 동료들을 이해하는 데 도움이 되면 좋겠습니다. 그들의 현실을 제대로 이해한다면, 실제적인 중재를 통해 도움의 손길을 내밀 수 있을 것입니다. 빈곤층이 가난에서 벗어나도록 교육 기회와 취업 기회를 더 많이 누리려면 우리 모두가 협력해야 할 것입니다.

한국의 독자 여러분들께서 앞으로 하시는 일에 행운이 함께하기를 소망합니다.

루비 K. 페인

빈곤층에서 부유층까지, 숨겨진 계층의 법칙
계층이동의 사다리
차례

한국의 독자들에게 004

들어가는 말 011
책에서 기억해야 할 몇 가지 키포인트 • 013
가난에 관한 몇 가지 통계 • 015

CHAPTER 1 정의 및 자원
시나리오 • 023
시나리오 논의 • 040
학교와 기업, 그리고 지식의 활용 • 045

CHAPTER 2 언어와 이야기의 역할
사용역 • 048
사용역의 담화 패턴 • 049
1차 담화와 2차 담화에서 언어 습득 • 050
담화 패턴 • 051
이야기 구조 • 053
신데렐라 • 054
문제 해결을 위해 할 일 • 057
학교와 기업, 그리고 지식의 활용 • 058

A FRAMEWORK FOR UNDERSTANDING POVERTY

CHAPTER 3 │ 각 계층의 불문율
퀴즈 • 060
계층의 불문율 • 065
학교와 기업, 그리고 지식의 활용 • 068

CHAPTER 4 │ 대물림되는 가난
사례 연구 : 월터 • 071
월터의 사례 연구 정리 • 078
대물림되는 빈곤층의 가족 패턴 • 079
빈곤층 성인과 아동의 모습 • 084
학교 생활과 대물림되는 가난 • 087
대물림되는 가난의 문화 • 088
학교와 기업, 그리고 지식의 활용 • 089

CHAPTER 5 │ 역할 모델과 정서적 지원
엘리의 사례 • 093
학교와 기업, 그리고 지식의 활용 • 097

CHAPTER 6 │ 지원 시스템
라키사의 사례 • 102
라키사를 돕기 위해 활용할 수 있는 지원 시스템 • 103

사례 연구 정리 • 107
학교와 기업, 그리고 지식의 활용 • 108

CHAPTER 7 훈육
구조와 선택 • 111
행동 분석 • 112
학생 참여 • 114
협상 언어 • 115
우화 활용하기 • 119
불문율 가르치기 • 120
학교와 기업, 그리고 지식의 활용 • 121

CHAPTER 8
교육과 학업 성적 향상
전통적 개념으로서의 지능 • 124
교육과 학습 구별하기 • 126
인지 전략 • 128
중재가 중요한 까닭 • 128
잃어버린 고리들 • 129
안구 운동으로 학습과 처리 따라가기 • 138
시각 • 139
청각 • 139
느낌과 운동 감각 • 139
시각 구성 • 140

개념 도식과 인지 전략을 형성하는 부가적 교수법 • 141
연구 주제의 의미 • 148
학교와 기업, 그리고 지식의 활용 • 149

CHAPTER 9 관계 형성
학교와 기업, 그리고 지식의 활용 • 157

맺음말 158

연구노트 165

부록 첨가 모델 — 학교의 성과를 높이는 접근 방법
'빈곤층 심리 모형' 만들기 • 237
빈곤 연구 조사 • 239
변화의 필요성 : 문제 파악과 해결책 찾기 • 244
자원 • 253
경제 계층들의 불문율 • 255
언어 문제 • 257
가족 구조 • 259
성인들과의 지식 공유 • 260
공동체의 지속 가능성에 대하여 • 262
결론 • 264

ADDITIVE MODEL
첨가 모델 : 성과를 높이는 방법

요약

'첨가 모델'이란 가난과, 가난이 존속하게 하는 근본 요인을 이해하고 해결하는 핵심 도구를 말한다(구체적인 내용은 부록 참조). 루비 K. 페인 박사가 말하는 첨가 모델은 다음과 같다.

- 경제 계층에 무관하게 개개인의 내적 자산을 존중한다.
- 문제를 정확히 규명한다.
- 사람들이 서로 다른 경제 환경에서 생존하기 위해 사용하는 마음가짐과 행동 양식을 진단하고, 그것에 관해 논의하는 데 필요한 지식을 제시한다.
- 각 개인·가정·학교·공동체 등에서 이미 발견된 강점과 자원을 이야기하고, 자원을 만들어내고 늘리는 데 필요한 새로운 정보와 관점을 제시한다.
- 다양한 경제 계층을 하나의 프리즘으로 통합하여, 그것을 통해 학교나 개인이 스스로의 문제를 분석하고 해결하도록 돕는다.
- 학생들이 좋은 성과를 이루어내는 학교를 만들기 위한 방안, 파트너십, 프로그램 설계, 변화 이론, 기술을 이야기한다.
- 가난의 원인을 아우르는 전략 개발을 장려한다.

들어가는 말

내가 이 책을 집필한 까닭은…매우 단순하다. 내게 '빈곤층'과 '빈곤'에 대해 질문하는 사람들이 수도 없이 많아 급기야 책을 내겠다고 약속했기 때문이다. 나는 빈곤층, 중산층, 부유층에 관해 오랜 동안 정보를 수집해 오면서도, 그런 정보가 다른 사람들에게도 관심거리가 되리라고는 미처 생각하지 못했다.

어느 학교의 교감을 맡고 있는 주디 덩컨Judy Duncan이 나를 찾아와 '교직원 대상 교육 프로그램'에 관해 물으면서 자기 학교에서 진행해 온 학생들의 상담 사례가 얼마나 되는지 말하기 전까지, 나는 '차이difference'에 관해 특별히 언급한 적이 없었다. 덩컨은 특히 지난 3년 동안 전체 학생 중 저소득층 비율이 24%에서 60%로 높아졌다는 점(무료 급식 또는 저비용 급식을 받는 학생 수로 측정함)을 지적했다. 덩컨이 학교 내 기율 문제를 이야기하면, 내가 왜 그런 행동이 발생하는지 설명하는 식으로 우리 둘의 대화는 진행되었다. 그러다가 마침내, 덩컨이 내 말을 중간에 자르고는 "어디에서 그런 정보를 얻으셨습니까?" 하고 물었다. 나는 그때 덩컨의 질문을 받고 '정보를 수집해 온 시간이 어느 새 30년이나 되었구나' 하고 새삼 알게 되었다.

나는 빈곤층에 관련된 자료를, 직접적으로는 우선 남편 프랭크에게서 얻게 되었다. 나와 부부의 연을 맺고 30년 이상 함께 지내온 프랭크는 여섯 살 때 아버지를 여의는 바람에 가난하게 살아야 했다. 남편의 가난 자체는 '상황에 따른 가난' 이었지만, 그는 '가난을 대물림받은' 사람들과 몇 년 동안 함께 살았다. 나는 오랜 세월 남편 프랭크의 가족과 여러 '이웃들' 을 만나면서, 대대로 가난한 계층과 중산층 사이에는 중대한 차이가 있다는 점을 알게 되었고, 이들 계층을 나누는 가장 큰 차이가 돈이 많고 적음이 아니라는 점을 깨쳤다. 하지만 이보다 더 큰 그림이 명확히 드러난 것은 내가 일리노이의 부유층 지역에서 몇 년 동안 살았을 때였다. 즉 '부유층' 을 경험해 본 덕분에 나는 빈곤층, 중산층, 부유층 사이의 차이, 그리고 각 계층 내의 차이를 명확히 알게 되었다.

나는 일리노이의 부유층 지역에 자리잡은 초등학교 교장으로 일하면서 그때까지 내가 습득해 온 지식, 다시 말해 가난과 부의 상당 부분에 대해 다시 생각하기 시작했다. 일리노이 학생들의 타고난 지능이 그 전까지 나랑 함께 공부해 오던 가난한 학생들보다 더 뛰어난 것은 아니었다. 그뿐 아니라 부유한 아프리카계, 라틴아메리카계, 그리고 아시아계 어린이들도 부유한 백인 아이들과 다를 바 없었다.

그래서 주디 덩컨의 요청을 받고, 나는 덩컨이 근무하는 학교의 교직원들에게 내가 아는 여러 사례들을 알려주었다. 그들은 흥미로워하면서, 나의 강연 내용이 매우 유용하다고 생각했다. 이와 같은 소식이 한 교사에서 다른 교사로 차츰 전해지면서, 나는 다른 지역에서도 비슷한 내용의 워크숍을 진행하게 되었다. 그러던 어느 날 새라 헥터Sara Hector라는, 텍사스 교육 시설에서 현장 서비스 에이전트로 일하던 여성이 내가 진행하는 워크숍에 참석하고 나서 나의 강연 내용을 여러 사람들에게 퍼뜨렸다.

그 뒤 다른 학교 교장인 제이 스테일리Jay Stailey가 나더러 휴스턴 클리어레이크 대학교에 함께 가서 자신이 공동 의장으로 있는 학자금 컨소시엄과 미팅을 갖자고 제의했다. 이 일이 있고 나서, 또 다른 모임과 대화가 이어졌다.

이 책에서 다루고자 하는 내용은, 이렇듯 내가 전혀 기대하지 못한 속도로 빠르게 퍼져나가게 되었다.

책에서 기억해야 할 몇 가지 키포인트

01 가난은 상대적이다. 주위 사람들 전체가 비슷한 환경에 처해 있다면 가난과 부는 명확히 구분되지 않을 것이다. 가난이나 부는 오직 구체적인 수치로 표현되는 비교 대상이 있을 때만 존재한다.

02 가난은 인종과 국가를 초월한다. 중산층을 사회의 큰 부분으로

보는 현상은 금세기에 일어난 일이다. 가난한 인구의 비율은 가난에 대한 정의, 환경에 대한 정의에 따라 달라진다.

03 경제 계층은 연속선상에 있는 것이지 뚜렷한 구분선이 있는 것이 아니다. 2006년 미국의 빈곤선poverty line은 4인 가족 기준으로 2만 444달러로 인정되었다. 2006년 인구조사 자료에 따르면 중산층 가구 소득은 4만 8,451달러였고, 미국 가구 중 19%는 연소득이 10만 달러가 넘었다. 소득이라는 연속선 위에 사람들이 죽 늘어서 있음을 잊지 말기 바란다.

04 대물림된 가난generational poverty과 상황에 따른 가난situational poverty은 다르다. '대물림된 가난'은 두 세대 이상 가난한 상태를 벗어나지 못한 것으로 정의한다. '상황에 따른 가난'은 기간이 짧으며, 환경의 변화(누군가의 죽음, 질병, 이혼 등)로 유발된다.

05 이 책은 패턴을 토대로 집필되었으나, 패턴이란 모름지기 예외가 있게 마련이다.

06 사람들은 자신이 속한 계층의 불문율을 습관적으로 따른다. 소득이 비약적으로 늘어났다 하더라도 사고 방식, 사교 방식, 인지 전략 등은 바뀌지 않는다.

07 학교와 기업은 중산층의 표준을 따르고 중산층의 불문율을 적용한다. 학교나 기업에서는 이런 표준과 불문율을 직접적으로 가르치지 않는다.

08 학생이 학교(와 직장)에서 성공적으로 생활하도록 도우려면, 반드시 그 아이의 불문율을 이해하고 아이가 학교(와 직장)에서 잘 해

나가도록 도울 수 있는 다른 규칙을 가르쳐야 한다.

09 우리는 학생이 무언가를 모른다고 해서 눈감아줘서도 안되고, 나무라서도 안된다. 교육자로서 우리는 반드시 학생들을 가르치고, 지원해 주며, 반드시 잘 해내야 한다고 격려하고, 잘 해낼 수 있다고 믿어줘야 한다.

10 빈곤층에서 중산층으로, 또는 중산층에서 부유층으로 올라서려면, 지금까지의 관계를 포기하고 성취를 추구해야 한다(적어도 일정 시간 동안은 그렇다).

11 빈곤층에서 벗어나게 해주는 두 가지 요소는 교육과 인간관계다.

12 사람들이 빈곤층에서 벗어나게 되는 네 가지 요인은 다음과 같다. 계속 머무르기에는 너무 고통스럽거나, 목표나 비전이 생기거나, 자신을 이끌어줄 사람을 만나거나, 특별한 재능 또는 기술을 얻거나.

가난에 관한 몇 가지 통계

01 2006년 미국 전체의 빈곤율은 12.3%였다. 18세 이하 아이들의 빈곤율은 17.4%였고, 5세 이하 아동은 20.4%였다(미국 인구조사국, 2007년).

02 2006년 빈곤 가구는 770만 가구(9.8%)에 달하여, 2000년의 640만 가구(6.7%)보다 증가했다(미국 인구조사국, 2007년).

03 미국 내 이민 인구는 1990년 이후 57% 증가하여 총 3,000만 명이

되었다. 2000년에는 18세 이하 아동 5명 가운데 1명 꼴로, 적어도 부모 중 한 명이 외국 태생인 것으로 추정되었다. 이민 아동은 미국 태생 아동에 비해 가난하게 살아갈 확률이 2배 더 높다. 부모가 정규직에 종사하는 아이들 가운데 이민 가정 아동은 미국 태생 아동에 비해 가난하게 살아갈 위험이 더 높다(컬럼비아 대학교 부속 전국빈곤아동센터National Center for Children in Poverty : NCCP,[1] 2002년).

04 인종이나 민족과 무관하게, 가난한 아이들은 그렇지 않은 아이들에 비해 발달 지연과 손상을 겪고, 고등학교에서 중퇴하고, 십대에 아이를 낳을 확률이 높다(Miranda, 1991년).

05 편부모 슬하의 아이들은 그렇지 않은 아이들보다 가난해질 확률이 높다(Einbinder, 1993년). 미국 여성의 중간 임금은 교육 수준이 같은 남성보다 30~50% 낮다(1993년의 인구조사 자료를 토대로 작성한 1995년의 TSII 매뉴얼)(미국 인구조사 자료 115쪽 참조, 2006년).

06 도심 내 빈곤 지역에 거주하는 아이들은 사회 경제적 지위가 높은 지역의 아이들보다 아동 학대나 방치의 희생양이 될 소지가 많다(Renchler, 1993년).

07 가난은 부모의 직업 상태와 소득, 가족 구성, 부모의 교육 수준 등과 같이 상호 연관된 요인들로 유발된다(Five Million Children,[2]

---

[1] NCCP : 저소득층 아동의 경제적 안정, 건강, 복지 등을 향상하기 위해 공공 정책을 추진하는 곳으로, 일종의 공익 연구 센터다(옮긴이).

1992년).

08 5세 이하 아동은 유달리 가난에 노출되기 쉽다. 2006년의 5세 이하 아동 가운데 남편 없는 여성이 세대주인 가정에 속한 아이들은 빈곤율이 53.7%에 달하여, 결혼한 가정에 속한 아이들의 빈곤율인 9.6%보다 다섯 배 이상 높게 나타났다(미국 인구조사국, 2007년).

09 미국 아이들의 빈곤율은 다른 서구 산업 국가 대부분에 비해 상당히 높아, 종종 두세 배의 차이가 난다.

10 2006년, 빈곤 아동에 대해 다음과 같은 인종 비율과 숫자가 보고되었다.

미국	2006년 빈곤층에 속한 아이들 수	아이들의 빈곤층 비율
전체 인종	12,896,000	17.6%
백인	7,908,000	14.1%
라틴아메리카*	4,072,000	26.9%
아프리카	3,777,000	33.4%
아시아	360,000	12.2%
아메리카 원주민**	194,272	31.9%

* 라틴아메리카 계통이면 어느 인종이든 무관.
** 2000년 인구조사에서 기록된 아메리카 원주민 수(2006년에 조사한 자료 아님).

출처 : 미국 인구조사국과 노동통계국(「2007년 인구통계조사」).
주 : 미국 인구조사국은 전년도의 소득과 빈곤 자료를 매년 발표한다(이런 형태의 최신 정보 자료는 www.ahaprocess.com에서 소개하고 있다).

11 숫자로 따지면 가난한 백인 아이들이 가장 많지만, 빈곤율은 소수 인종에서 더 높았다.

---

2 Five Million Children : NCCP에서 가난한 아이들을 대상으로 작성한 연례 보고서다(옮긴이).

CHAPTER 1
정의 및 자원

대물림되는 가난에 처한 사람들에게는 '관계'가 돈보다 중요하다. 빈곤층의 불문율 가운데 하나는 '가욋돈'이 생기면 나눠 갖는다는 것이다. 중산층은 자립적인 생활을 각별히 중시하지만, 빈곤층은 자신이 결코 출세하지 못힐 것이라고 곧게 믿기 때문에 가욋돈이 생기면 즉시 사용하거나 서로 나눈다. 빈곤층에서는 사람이 재산이고, 사람들은 서로를 믿고 의지할 수 있다.

A Framework
for
Understanding Poverty

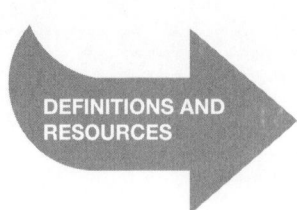

가난한 환경에서 자란 학생과 비즈니스맨 등의 성인을 더 잘 이해하기 위해 실제적으로 정의하자면, 가난이란 '한 개인이 자원resources 없이 지내는 정도'를 말한다. 여기에서 말하는 자원의 범주에는 다음과 같은 몇 가지가 있다.

- **재정적 자원** : 물건과 서비스를 사는 데 필요한 돈.
- **정서적 자원** : 정서적 반응을 선택하고 통제하는 힘. 특히 부정적인 상황에 맞닥뜨렸을 때 자기 파괴적인 행동에 빠지지 않는 것. 이것은 내적 자원으로서, 끈기와 인내력으로 발현되고 각자의 선택으로 드러난다.
- **지적 자원** : 일상 생활에 필요한 지적 능력과 기술(읽기, 쓰기, 계산하기).
- **영적 자원** : 신을 믿는 것.
- **신체적 자원** : 신체의 건강과 활동력.
- **지원 시스템** : 필요할 때 도움이 될 대체 자원, 친구와 가족 등을 의미. 외적 자원에 해당.
- **관계·역할 모델** : 아이에게 도움이 되고 자기 파괴적인 행동에 빠지지 않는 어른과 자주 만날 수 있는가.
- **불문율 지식** : 집단의 암묵적 신호와 관습을 이해하는가.

보통 빈곤은 '재정 자원financial resources' 측면에서만 다룬다. 그러나 사실 재정 자원이 대단히 중요하기는 해도 그것만으로는 가난을 벗어나는 사람들의 성공 요인이 무엇인지, 반대로 일부 사람들이 계속 가난에 머무르는 까닭이 무엇인지 이해하기 어렵다. 빈곤에서 벗어나는 일은 재정 자원보다 다른 자원에 더 좌우되며, 앞에서 제시한 각 자원은 개인의 성공에서 중추적 역할을 담당한다.

'정서적 자원'이 있으면 힘겹고 불편한 상황과 느낌을 견뎌낼 수 있다. 정서적 자원은 가장 중요한 요소로, 이것이 있으면 낡은 습관으로 되돌아가지 않을 수 있다. 빈곤층에서 중산층으로, 중산층에서 부유층으로 이동하려면 '감정 은행'(자세한 내용은 뒤에 다시 나온다―옮긴이)을 일정 기간 닫아둬야 한다. 새로 소속될 계층과 지금 소속된 계층의 불문율이 매우 다르기 때문이다. 따라서 그러한 불문율을 터득할 때까지 (그리하여 편안해질 때까지) 어느 정도 인내하면서 상황을 견뎌낼 수 있어야 한다. 이러한 인내력은 정서적 자원이 넉넉하다는 증거다. 정서적 자원은, 적어도 부분적으로나마 역할 모델에서 나온다.

'지적 자원'이란 한마디로 정보를 처리하고 사용하는 능력이다. 읽고 쓰고 셈할 수 있다면 그렇지 못할 때와 비교하여 한층 명백한 이점이 있다. 다양한 출처에서 무료 정보를 습득할 수 있고, 어느 정도 자급자족할 수 있기 때문이다.

'영적 자원'은 고차원적인 존재에게서 도움을 받을 수 있다는 믿음, 삶에 뚜렷한 목적이 있으며 가치와 사랑이 신에게서 온 선물이라는 믿음이다. 이것은 인간이 살아가는 데 강력한 힘이 된다. 개개인이 자신을 쓸모없거나 가망 없는 존재가 아니라, 가치 있고 귀한 존재로 여기게 되기 때문이다.

'신체적 자원'은 건강하여 뜻대로 움직일 수 있는 육체를 뜻한다. 이런 사람은 홀로 설 수 있다.

'지원 시스템' 역시 자원에 속한다. 도움이 필요할 때 우리는 누구를 찾아가는가? 당연히 자신을 위해 기꺼이 시간을 내줄 사람, 도와줄 사람을 찾아간다. 아이가 아픈데도 불구하고 당신이 직장에서 빠져나올 수 없다면, 누가 아이를 돌보아주는가? 아이에게 약 지어 먹일 돈이 부족할 때 당신은 누구를 찾아가 도움의 손길을 요청하는가? 지원 시스템은 재정적·정서적 지원뿐 아니라 지식 기반과도 연관된다. 대학은 어떻게 진학할 것인가? 도움이 필요한데 상대방에게 거절당했을 때, 당신의 이야기를 들어줄 사람은 누구인가? 산더미 같은 서류 작업을 도와줄 사람은 있는가? 아이들이 중간 고사에 대비해 수학 문제를 제대로 풀지 못할 경우 도와줄 사람은? 이런 사람들도 모두 지원 시스템의 범주에 속한다.

'관계·역할 모델' 역시 자원의 일종이다. 사람은 누구나 역할 모델을 갖고 있다. 핵심은 역할 모델이 우리를 얼마나 지지해 주는가, 그 사람이 얼마나 적절한가 하는 점이다. 그 사람은 아이를 양육할 수 있는가? 일에서 성공했는가? 남성(또는 여성)의 역할을 알려줄 수 있는가? 우리가 정서 생활을 영위하는 방법을 배우는 것은 대부분 역할 모델을 통해서다.

> 의미 있는 관계가 없으면 의미 있는 학습도 없다.
> ─제임스 커머James Comer 박사

'불문율 지식'은 어느 계층에서 생활하든 대단히 중요하다. 불문율은 빈곤층뿐 아니라 중산층 또는 부유층에도 존재하며 인종 집단이나 기타 집단에도 있다. 불문율은 특정 개인이 해당 집단에 맞는지, 그렇지 않은지를 알려주는 중요한 암묵적 신호와 연관된다. 예를 들어 빈곤층의 세 가지 불문율로서 다음과 같은 것이 있다. '소음이 많다'(TV는 항상 켜져 있고, 여러 사람이 동시에 이야기한다), '가장 중요한 정보는 말로 하지 않는다', '개인이 집단에 선사할 수 있는 가장 큰 가치는 사람들을 즐겁게 하는 능력이다'.

음식, 옷, 예절 등에 관한 불문율도 있다. 보통 한 계층에서 다른 계층으로 성공적으로 이동하려면, 이동하려는 계층에 이미 속해 있어 이러한 불문율을 가르쳐주고 보여줄 수 있는 연인이나 조언자가 있어야 한다.

시나리오

다음에 제시하는 여러 시나리오는, 내가 조사를 통해 알게 된 사례들을 상세히 서술하기 위해 기록한 것이다. 이 책에서는 신체적·성적·정서적 학대는 대부분 생략하고 자원에 한정하여 논의하겠다.

독자들은 내가 제시하는 각각의 시나리오마다 아이와 성인들이 활용할 수 있는 자원이 무엇인지 살펴보기 바란다.

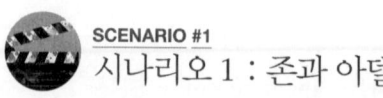

시나리오 1 : 존과 아델

배경

존은 여덟 살의 백인 소년이다. 아버지는 의사로서, 다른 여자와 재혼했으나 전처 사이에서 낳은 아이들을 만나지는 않고 최저 양육비만 제공한다. 엄마 아델은 파트타임으로 일하는 알코올 중독자다. 존의 여동생은 정신·신체 장애자인데, 현재 이들 셋이 함께 사는 중이다.

당신이 존의 어머니 아델이라고 가정하고 생각해 보기 바란다. 아델은 29세 여성으로, 대학 2학년 때 자퇴하고 남편 될 사람이 의과대학교를 졸업할 때까지 힘들게 뒷바라지했다. 존이 태어났을 때 둘은 정말 기뻐했다. 남편이 인턴 생활을 하는 동안, 아델은 저녁에 술을 두어 잔 하면 외로움을 잊을 수 있고 울적한 기분이 한층 나아진다는 사실을(특히 남편이 곁에 없을 때) 알게 되었다. 몇 년 뒤 둘째가 태어났으나 장애가 심각했다. 부부는 매우 큰 충격을 받았다. 1년 후 레지던트 기간이 끝나자, 남편은 다른 여자를 사랑한다면서 이혼을 요구해 왔고, 아델에게 다른 선택은 없었다. 얼마 전 마지막으로 전해 들은 소식에 따르면 남편은 포르셰를 몰고 멕시코의 칸쿤으로 아내와 함께 휴가를 다녀왔다고 한다. 아델의 부모님은 돌아가셨고, 언니는 다른 도시에 산다. 아델이 벌어들이는 1주일 동안의 소득은 아이 양육비를 합해도 세전 500달러다. 장애가 있는 둘째는 세 살인데, 낮에는 교육청이 마련해 준 탁아소에서 돌봐주고 있다.

현 상황

아델은 이번 달 들어서 벌써 세 번이나 직장에 지각했다. 출퇴근에 필요한 차는 낡은데다가 며칠 전 고장 나서 수리 비용으로 400달러의 견적서를 받아둔 상태다. 직장 상사는 하루치 급여를 삭감하겠다고 통보했다. 그리고 또다시 지각한다면 그때는 해고될 것이라고 경고했다.

아델은 내일 어떻게 직장에 나가야 할지 몰라 몇 가지 방안을 생각해 본다. ❶자동차를 사러 시내에 들른다. ❷일단 차를 정비 공장에 맡기고 돈 걱정은 나중에 한다. ❸정비 기사를 저녁 식사에 초대한다. ❹화를 내고 회사를 그만둔다. ❺전 남편에게 전화해 자동차 수리 비용을 대지 않으면 다시 법정에서 보게 될 것이라고 협박한다. ❻또 다른 일자리를 찾는다. ❼술에 취한다.

한참을 고민 중인데 작은아이가 다시 발작을 일으켜 병원에 데려간다(지각을 하게 된 또 다른 이유다). 아이에게 먹일 새로운 약을 구입하는 데는 매달 45달러가 추가로 들 예정이다.

존은 방과 후 집에 돌아와 학교에서 읽기 대회가 열릴 예정이라고 알린다. 아델이 존과 함께 책을 읽을 때마다 점수가 쌓인다는 것이다. 책 한 권에 1점인데, 존은 100점을 꼭 달성하고 싶단다. 아델은 매일 저녁 30분 동안 딸 치료를 도와야 하고, 저녁도 준비해야 한다.

존이 책을 읽으려면 도서관에 함께 가야만 한다. 그러나 차에 남아 있는 기름은 이번 주 출퇴근하는 데 부족할지도 모른다. 존은 학교에서 공개 수업[3]을 할 계획인데, 그때 엄마가 오면 연필 세트를 받는다면서 기대감이 크다. 존은 동생을 돌봐줄 만큼 크지는 않았다. 생각해 보니, 지난달 전 남편이 다시 돈을 뜯어내려고 들면 어머니로서 아이들을 양육할 능력이 없다고 법에 호소하겠다며 위협했다는 사실이 새삼 떠오른다. 아델은 정말 막막한 심정이다.

그런데 자동차 정비공이 전화해서 같이 저녁을 먹자고 제안한다. 그러면서 자동차 수리 비용을 처리할 방법이 있을지도 모른다고 귀띔한다. 바깥에서 저녁을 먹는 것도 오랜만이고, 정비공도 잘생긴데다 좋은 사람 같은 느낌이 든다.

아델과 존에게는 어떤 자원이 있는가? 아래 표에 표시해 보자. 자원이 있는지 없는지 불확실할 때는 물음표에 표시한다.

자원 : 시나리오 1	있음	없음	?
재정적 자원			
정서적 자원			
지적 자원			
영적 자원			
신체적 자원			
지원 시스템			
중산층 불문율 지식			
역할 모델			

---

[3] open house : 학교에서 학부모를 초대하여 학교를 둘러보게 하고 교사와 만남의 자리를 마련하는 일상적인 행사를 말한다.

SCENARIO #2
시나리오 2 : 오티스와 밴지

배경

오티스는 아홉 살 난 아프리카계 미국인 소년이다. 엄마는 열아홉에 오티스를 임신하여 학교를 중퇴했고, 현재 정부 보조금을 받는다. 오티스 밑으로 동생이 둘 있다.

당신이 오티스의 엄마 밴지라고 가정해 보자. 스물여덟 살 난 여성으로, 다섯 형제 중 첫째다. 열아홉 살에 첫째를 낳았고, 첫째가 태어난 후로 복지 기금과 식량 배급표를 받아 생활했다. 어머니와 함께 살다가 스물넷에 셋째 아이를 낳은 뒤 집에서 나왔다. 당신은 오티스를 임신했을 때 학교를 그만두었다. 학교는 늘 당신에게 힘든 곳이었고, 당신은 학교 생활에 결코 익숙해지지 않았다. 남자 친구는 집에 자주 찾아오고, 가끔 일한다. 어머니는 멀지 않은 곳에 산다. 당신의 1주일 수입은 (식량 배급표를 포함해) 215달러에 불과하다. 월말이 되면 가진 돈보다 지출할 금액이 더 많아서 자주 이사를 다녀야 한다.

현 상황

여동생이 전화해서 남자 친구가 또 자기를 폭행했다고, 그래서 오늘 밤에 당신 집에서 자야겠다고 말한다. 지난번에도 당신을 찾아왔을 때 동생은 2주간 머물렀는데, 여동생의 열두 살 난 조카(장애가 있다)가 다섯 살배기 당신 딸을 가만히 내버려두지 않았다. 당신에게는 몇 가지 선택이 있다. ❶동생을 오라고 하고 재워주는 대신 식비를 내게 한다. ❷동생을 오지 못하게 하고 온 가족에게서 원성을 산다. ❸딸에게 사촌이 가까이 오면 때려주라고 말한다. ❹오티스더러 사촌 형을 돌봐주라고 한다. ❺장애가 있는 조카를 흠씬 때려준다. ❻임대료 낼 돈으로 불어난 식비를 메운다. ❼동생과 같이 파티에 가고 오티스에게 동생들을 돌보라고 명령한다. ❽더 큰 집으로 이사한다.

오티스가 집에 오더니 학교에서 읽기 대회가 열린다고 한다. 당신이 오티스에게 책을 다섯 권 읽어줄 때마다 오티스는 피자 한 판을 2달러 할인해 주는 쿠폰을 받는다. 오티스가 책을 구하려면 도서관에 가야 한다. 당신은 읽기 능력이 좋지 않은데다가 책을 읽은 지 하도 오래 되어서 아들에게 읽어주거나 할 수 있을지 자신이 없다. 또 차가 없어서 도서관에 가려면 한참을 걷고 나서 대중 교통을 이용해야 하는데, 지난주에는 총격 사건이 두 건이나 벌어진 곳을 지나쳐야 한다. 오티스 말을 들으니, 학교에서 공개 수업을 할 계획인데 부모들을 위해 스쿨 버스를 보낼 예정이란다. 담임 교사가 전해주는 메모를 건네받았으나 당신은 글을 읽지 못한다.

당신은 다른 곳으로 또 이사해야 할 것 같다. 이번 주에 오티스가 학교에서 크게 다쳐 양호 교사가 녀석을 응급실로 데려갔는데, 비용이 200달러나 들었다. 집 임대료도 내야 하는데, 방이 세 개라서 300달러나 든다. 동생이 찾아온다지만 늘 빈털터리라 식비만 더 들어가게 생겼다. 애인은 폭행 건으로 경찰에 긴급 체포돼서는 당신더러 빼내달라고 닦달한다. 보석 보증인은 500달러를 내라고 한다. 예전 남자 친구는 당신에게 돌아올 정도로 멍청하지 않다. 그러나 당신은 그의 돈이 있어야 굶주리지 않을 수 있기에 그가 필요하다.

담당 교사가 전화해서 오티스가 또 말썽을 부린다고 말한다. 당신은 오티스에게 매를 들 수밖에 없다. 그날 밤 당신은 오티스가 가장 좋아하는 요리를 준비해 주고는 지인들에게 오티스가 어떻게 말썽을 피우는지, 당신에게 얼마나 무거운 짐인지 하소연한다.

오티스와 밴지에게는 어떤 자원이 있는가? 아래 표에 표시해 보자. 자원이 있는지 없는지 불확실할 때는 물음표에 표시한다.

자원 : 시나리오 2	있음	없음	?
재정적 자원			
정서적 자원			
지적 자원			
영적 자원			
신체적 자원			
지원 시스템			
중산층 불문율 지식			
역할 모델			

SCENARIO #3
시나리오 3 : 오피와 오프라

배경

오피는 열두 살 난 아프리카계 미국인 소녀로 다섯 아이 가운데 맏이다. 엄마인 오프라가 가정부로 바깥에서 오랫동안 일하므로 오피가 집안일을 맡아 한다. 집에는 치매에 걸린 여든 살의 할머니와 마땅한 직업이 없는 삼촌이 같이 산다.

당신은 오피의 엄마 오프라다. 32세의 여성으로 10년 전에 남편과 결혼했으나 2년 전 남편이 출근길에 교통 사고로 세상을 떠났다. 당신은 어떤 의사의 집에서 가정부로 오랜 시간 일한다. 일요일에는 선교침례교회Missionary Baptist Church에 나가는데, 그곳 성가단 단장으로 활동 중이다. 고용인인 의사는 당신을 잘 대우해 주고 매주 300달러 정도를 지급한다. 일하러 갈 때는 대중 교통을 이용하고 일요일에 교회에 갈 때는 교회 버스를 탄다. 당신은 고등학교 졸업이 최종 학력이지만 아이들만은 대학에 꼭 진학하기를 원한다.

현 상황

고용주인 의사가 크리스마스 보너스로 당신에게 400달러를 준다. 당신은 뜻밖의 선물에 감격해 교회에 나가 신에게 감사 인사를 드린다. 그런데 예배가 끝나자 세 사람이 조용히 당신에게 접근한다. 한 사람은 전기세를 내야 한다며 50달러만 달라고 하고, 한 사람은 남동생 가족이 굶고 있으니 100달러만 도와달라고 하고, 또 한 사람은 안경이 부서졌다면서 60달러만 달라고 한다. 긴급 사태에 대비해서 그 돈을 저금해 두려고 했는데….

오피는 주정부가 후원하는 수학 경시 대회에 나갈 기회가 생겨 방과 후 학습이 필요한 상황이다. 당신은 오피가 대회에 나가기를 바라지만 집안일을 해줄 사람은 오피뿐이다.

오피와 오프라에게는 어떤 자원이 있는가? 아래 표에 표시해 보자. 자원이 있는지 없는지 불확실할 때는 물음표에 표시한다.

자원 : 시나리오 3	있음	없음	?
재정적 자원			
정서적 자원			
지적 자원			
영적 자원			
신체적 자원			
지원 시스템			
중산층 불문율 지식			
역할 모델			

SCENARIO #4
시나리오 4 : 마리아와 노미

배경

마리아는 열 살 난 라틴아메리카계 소녀다. 엄마는 운전도 할 줄 모르고 영어도 못한다. 아빠는 영어를 조금 한다. 마리아는 미국에서 태어난 2세대다. 엄마는 직업이 없고, 아빠는 콘크리트 건축 노동자로 최소 생계비를 번다. 가족들은 식량 배급표를 지급받는다. 엄마는 독실한 가톨릭 신자다.

당신은 마리아의 엄마 노미다. 27세의 라틴아메리카 여성으로, 아이가 다섯이다. 당신은 11년 전에 남편과 결혼했고 현재도 남편과 아이들을 무척 사랑한다. 아이들은 당신의 삶에서 항상 1순위다. 당신은 어린 시절 겪었던 이민 노동자의 삶을 잘 알기 때문에, 지금 집이 있어서 여기저기 떠돌아다니지 않아도 된다는 데 만족한다. 당신은 이민 노동 때문에 초등학교밖에 다니지 못했다. 남편은 건축 현장에서 콘크리트를 까는데 비가 오지 않고 공사가 많으면 일도 많아진다.

하지만 2~3주 동안 아예 일이 없을 때도 있는데, 이때는 당연히 돈도 벌지 못한다. 부모님은 같은 동네에 거주하고, 당신의 상황이 좋지 않으면 도와주려고 노력한다. 당신은 식량 배급표를 받고, 주일마다 미사에 나가며, 때때로 주말이면 아이들과 형제와 함께 부모님 댁에 찾아간다. 남편은 좋은 사람이고 아이들을 사랑한다. 일이 괜찮은 주에는 400달러를 벌어 온다.

현 상황

마리아가 방과 후에 지리 숙제로 소금 생산 지도를 만들어야 한다는데, 당신은 식재료를 사느라 1주일 생활비를 모두 써버렸다. 그런데 마리아는 밀가루 2.5kg, 소금 1kg, 그리고 지도를 만들기 위한 널빤지가 필요하다고 한다. 소금 생산지에 대한 자료를 찾아볼 백과사전도 필요하다. 이번 주에 자동차를 수리하는 비용으로 100달러가 들어갈 예정이다. 게다가 아기가 아파서 약값으로 30달러가 더 필요할지도 모른다. 그런데 지난 2주 동안 이어진 장마철 탓에 남편은 수입이 전무한 상태다.

마리아의 담임 교사는 마리아에게 방과 후 학교에 남아서 더 공부한다면 경시 대회에 충분히 참가할 수 있으니 노력해 보라고 조언했다.

마리아와 노미에게는 어떤 자원이 있는가? 다음 표에 표시해 보자. 자원이 있는지 없는지 불확실할 때는 물음표에 표시한다.

자원 : 시나리오 4	있음	없음	?
재정적 자원			
정서적 자원			
지적 자원			
영적 자원			
신체적 자원			
지원 시스템			
중산층 불문율 지식			
역할 모델			

SCENARIO #5
시나리오 5 : 아일린과 위스테리아

배경

아일린은 열 살 난 백인 소녀로, 국가에서 생활비를 보조받는 할머니 (70세) 위스테리아와 함께 살아간다. 아일린은 자기 아버지가 누군지 모른다. 엄마는 매춘과 약물 소지 혐의로 지난 2년 동안 네 차례 체포 되었는데, 대략 1년에 한 달가량 제정신이 돌아와서는 아일린을 되찾 아가려고 한다.

당신은 아일린의 할머니 위스테리아다. 당신은 연금으로 1주일에 150달러를 받아 생활한다. 당신의 딸, 즉 아일린 엄마는 예전부터 방 탕한 생활의 수렁에서 벗어나지 못했다. 당신은 그 아이를 포기했고, 손녀인 아일린을 양부모에게 맡기는 꼴을 볼 수 없어서 당신 집으로 데리고 왔다. 당신 딸은 아일린의 아버지가 누군지도 모르는데다가, 약물에 중독되어 몇 차례 구속되기도 했다. 그때마다 남자 친구 가운 데 하나가 나서서 딸의 석방을 도와 풀려나곤 했다. 딸은 1년에 한 번

정도 정신을 차리면 손녀 아일린에게 그동안 못해준 관심을 한꺼번에 쏟아 붓고는 다시 떠나버린다. 지난번에 딸애가 다녀가고 나서, 아일린은 제 엄마를 다시는 보고 싶지 않다면서 하염없이 눈물을 흘렸다. 당신은 저축한 돈이 조금 있지만 아직은 쓰고 싶지 않다. 지금 사는 집은 당신 소유이고, 차도 그런 대로 쓸 만하다. 당신은 자신이 아파 몸져 눕거나 병들어 죽으면 아일린이 어찌 될까 걱정스러워 날마다 '아일린이 열여덟 살이 될 때까지는 살게 해달라'고 간절히 기도한다. 이제는 시력도 한층 나빠져서 예전처럼 잘 보이지 않는다. 친척들은 모두 죽었거나 멀리 떨어져 산다. 당신은 일요일이면 아일린과 함께, 지난 40년 동안 다닌 교회에 나간다.

현 상황

아일린이 학교에서 과제물을 받아 집에 돌아온다. 아일린이 학교에서 내준 프로젝트를 마무리하려면 가족 내력을 조사하고 여러 친척들을 최대한 많이 만나봐야 한다. 당신은 아일린에게 뭐라고 말해 줘야 할지 모르겠다.

　담임 교사는 당신에게 아일린이 상상 속의 친구를 만들고는 그 아이와 이야기를 많이 나눈다고 전해준다. 그러면서 상담을 받아보는 편이 어떻겠느냐고 권한다. 상담 한 번에 40달러 정도면 된다고 귀띔해 준다. 또 아일린이 학교에 입고 오는 옷이 약간 촌스럽고 그 애가 다른 아이들과 잘 어울리지도 못한다고 걱정한다. 당신은 아일린의 옷을 직접 당신이 만들어 입힌다는 사실을 담임에게 털어놓지 못한다. 담임은 아일린의 친구들을 집으로 초대해 서로 친해질 기회를 만들어주면 어떻겠느냐고 제안한다. 그러나 당신은 과연 손녀의 친구들 가운데 누가 오기나 할는지, 설령 놀러 온다 해도 시끄러워 견딜 수 있을지 걱정이다.

아일린과 위스테리아에게는 어떤 자원이 있는가? 다음 표에 표시해 보자. 자원이 있는지 없는지 불확실할 때는 물음표에 표시한다.

자원 : 시나리오 5	있음	없음	?
재정적 자원			
정서적 자원			
지적 자원			
영적 자원			
신체적 자원			
지원 시스템			
중산층 불문율 지식			
역할 모델			

SCENARIO #6
시나리오 6 : 후안과 라몬

배경

후안은 여섯 살 난 라틴아메리카계 소년으로, 삼촌 라몬과 같이 산다. 후안의 아버지는 폭력단과의 다툼 끝에 죽었다. 삼촌은 형의 죽음에 분개해 있는 상태다. 삼촌이 곁에 없을 때면 후안은 할머니와 함께 지내는데, 할머니는 영어를 못한다. 삼촌은 약물을 팔아서 먹고 살지만 어머니에게는 매우 깍듯하다.

당신은 후안의 삼촌 라몬이다. 나이는 스물다섯이고 라틴아메리카계이다. 주변 사람들이 거의 죽었거나 감옥에 갔기 때문에 당신 자신도 오래 살기는 어려우리라고 생각한다. 형인 후안의 아버지가 2년 전 (후안이 네 살 때) 라이벌 폭력 조직에 살해되었다는 사실을 떠올릴 때마다 분노가 치솟는다. 후안은 당신의 대자godchild이고, 당신은 목숨 바쳐 형의 아이를 보호할 생각이다. 후안의 엄마는 백인 출신의 골칫거리여서 좋은 어머니들처럼 후안을 잘 돌봐주지는 않을 터였다. 지금 그녀는 폭행으로 감옥에 들어가 있다. 당신은 어머니(후안의 할머니)에게 후안을 맡길 때가 많다. 후안을 데리고 다니면 너무나 위험하기 때문이다. 당신은 폭력 조직의 두목인데다가 약물도 판다. 어머니는 스페인어밖에 모르지만, 당신은 후안에게 늘 할머니를 깍듯이 모시라고 가르쳤다. 어머니는 주일마다 미사에 나가고, 가능하면 후안도 늘 데리고 간다. 당신은 1주일에 평균 1,000달러를 번다.

현 상황

후안이 학부모와 교사 모임에 관한 가정 통신문을 가지고 집에 온다. 당신은 경찰을 피해 다니느라 집에 없다. 할머니는 스페인어도 못 읽고, 영어도 읽을 줄 모른다.

라이벌 폭력단이 당신 부하 하나에게 또다시 상처를 입혔다. 그래서 당신은 원하지 않지만 후안과 멀리 떨어져 지내야 한다. 현재 계획은 멕시코로 피신하는 것이다. 당신은 후안을 데리고 갈까 생각 중이다. 세상에서 가장 사랑하는 혈육이기 때문이다. 이렇듯 여러 가지 이유로 당신은 돈을 모으고 있다. 후안이 학업을 접는 것은 마음에 걸리지만, 아직 여섯 살이니 공부는 나중에라도 따라잡을 수 있을 것이다.

후안과 라몬에게는 어떤 자원이 있는가? 다음 표에 표시해 보자. 자원이 있는지 없는지 불확실할 때는 물음표에 표시한다.

자원 : 시나리오 6	있음	없음	?
재정적 자원			
정서적 자원			
지적 자원			
영적 자원			
신체적 자원			
지원 시스템			
중산층 불문율 지식			
역할 모델			

SCENARIO #7
시나리오 7 : 샐리와 수잔

샐리는 여덟 살 난 백인 소녀이고, 어머니 수잔은 두 차례 이혼한 경력이 있다. 수잔은 직업이 두 개이고, 전 남편들에게서 자녀 양육비를 받지 않는다. 샐리의 언니는 현재 임신 중이다. 샐리에게는 의붓 형제가 둘 있는데, 하나는 샐리보다 어리고 하나는 나이가 많다. 새아버지가 총애하는 아이는 막내인 아들이다. 현재 새아버지는 휴직 상태다.

당신은 샐리의 어머니 수잔으로, 나이는 서른셋이다. 현재 세 번째 남편을 맞이한 당신은 네 명의 남자에게서 아이 넷을 낳았다. 현 남편이 실직 상태라 당신은 두 가지 일을 한다. 남편은 당연히 아이들을 돌봐야 하는데도 집에 묶여 있기를 싫어한다. 당신은 고등학교 3학년 때 임신하는 바람에 졸업도 못했다. 그 당시에 당신은 임신 사실을 아이 아버지에게 알렸지만 남자는 변심해서 당신과 결혼하려고 하지 않았다. 당신은 우여곡절 끝에 아이를 낳았고, 그 아이가 현재 열다섯인데 임신 중이다. 둘째가 샐리인데, 샐리는 여덟 살이다. 당신은 두 가지 일을 하면서 1주일에 400달러 정도를 벌지만 기진맥진한 상태여서 딸들에게 식사 준비와 청소를 맡긴다. 당신은 늘 너무 피곤한 상태에서 살아간다. 최근 들어서는 남편과 쉴 새 없이 싸운다. 부모님은 이혼했는데, 당신과 같은 동네에 거주한다. 생각해 보니 한때 당신은 컨트리풍의 춤과 파티를 무척이나 좋아했다. 그러나 이제 바라는 것은 오직 잠뿐. 밀려들어오는 각종 청구서를 감당할 수 없어서 곧 다시 이사해야 할 듯하다.

현 상황

직장에서 당신을 급히 호출한다. 그런데 남편이 자동차 머플러를 수리하러 가는 길에 당신을 직장에 데려다 주다가 음주 운전으로 붙잡혀 구속된다. 벌써 두 번째 투옥이다. 남편을 보석으로 빼내려면 500달러가 필요하다. 게다가 남편은 무보험 상태에서 당신 차를 몰았다. 차 견인비로 80달러가 들었고 하루 지날 때마다 주차비로 40달러가 붙는데, 보험 증서가 나오기 전에는 차를 빼올 수가 없다. 남편이 석방되고 나면 보호 감찰관을 만나야 하는데, 그때마다 60달러가 필요하다.

또 임신한 딸이 병원에 계속 다니려면 400달러를 내야 한다. 당신은 딸에게 무료 진료 병원에 다니는 편이 훨씬 나을 것이라고 조언했지만, 거기에서 진료를 받으려면 서너 시간 기다려야 하고 수업을 절반이나 빼먹어야 한다. 딸을 집으로 데리고 오는 것도 문제다. 그곳은 위험한 동네라서 딸을 데리러 가야 하는데, 당신이 도착하기도 전에 이미 어두워진다.

직장에서 일하는 당신에게 전화가 걸려왔는데, 전에 살던 곳의 거주지 전기 요금 미납 건으로 당신을 법정에 세우겠다고 으름장을 놓는다. 현재 사는 집에서는 전기 요금을 따로 내지 않아도 되지만 1개월치 집세가 밀린 상태다. 남편이 해고당하기 전까지는 괜찮았는데…. 이제 곧 피임약도 떨어진다. 처방전을 다시 받으려면 병원에 가서 서너 시간을 기다려야 하는데, 직장 일이 빠듯해 그 정도 시간을 낼 수가 없다. 게다가 피임약을 사는 데 20달러가 필요하다. 최근에 남편이 샐리를 바라보는 눈길이 마뜩지 않지만 너무 피곤하다.

샐리와 수잔은 어떤 자원이 있는가? 다음 표에 표시해 보자. 자원이 있는지 없는지 불확실할 때는 물음표에 표시한다.

자원 : 시나리오 7	있음	없음	?
재정적 자원			
정서적 자원			
지적 자원			
영적 자원			
신체적 자원			
지원 시스템			
중산층 불문율 지식			
역할 모델			

시나리오 논의

앞에서 제시한 여러 시나리오는 자원의 종류와 양, 그리고 가난의 다양한 사례를 보여준다. 전체를 정리해 보면 다음과 같이 나올 것이다.

자원	시나리오 1	시나리오 2	시나리오 3	시나리오 4	시나리오 5	시나리오 6	시나리오 7
재정적 자원	없음	없음	없음	없음	?	있음	있음
정서적 자원	없음	없음	있음	있음	?	없음	없음
지적 자원	있음	있음	있음	있음	있음	있음	있음
영적 자원	없음	없음	있음	있음	있음	있음	없음
신체적 자원	있음	있음	있음	있음	있음	있음	있음
지원 시스템	없음	없음	있음	있음	있음	있음	없음
중산층 불문율 지식	있음	없음	있음	없음	있음	없음	없음
역할 모델	?	없음	있음	있음	?	없음	없음

불문율 지식은 중산층의 불문율을 기준으로 표시했다. 각 시나리오는 가난한 사람들에게서 나타나는 상황을 다루었다.

예를 들어 수잔의 시나리오에 등장하는 투옥 이야기를 보자. 가난한 사람들 가운데 상당수에게 감옥은 여러 가지 이유로 자주 드나드는 곳이다. 첫째, 대물림되는 가난에 처한 사람은 조직 사회를 불신하고 심지어 혐오하기도 한다. 합법과 불법의 선을 명확히 구분하지 못하고 선을 넘는 일이 잦다. 자원이 부족하다는 이야기는 그 경계를 넘어서는 바람에 쉽게 감옥에 들어가게 된다는 뜻이다. 그런 상황을 피하는 데 필요한 자원이 없기 때문이다. 사실 중산층과 상류층도 그 선을 넘기는 하지만 빈곤층만큼 자주 넘지는 않으며, 대개는 투옥까지 가는 최악의 사태를 피할 자원이 있다. 가난한 사람들 가운데 다수는, 감옥이 삶의 일부로서 꼭 나쁘기만 한 것은 아니라고 여기기도 한다. 지역 구치소는 숙식을 해결해 주고, 대개 주정부 감방처럼 격하거나 위험하지도 않다. 수잔은 아마도 남편을 감옥에서 빼낼 것이다. 대물림되는 가난에 처한 사람들에게는 '관계'가 돈보다 중요하기 때문이다.

가난의 특징을 보여주는 또 다른 사례는, 오프라가 교회에 갔을 때 생긴 일이다. 오프라에게 현금이 생기자마자 돈을 좀 달라고 요청하는 사람들이 달려들었다. 빈곤층의 불문율 가운데 하나는 '가욋돈이 생기면 나눠 갖는다'는 것이다. 중산층은 자립적인 생활self-sufficient을 각별히 중시하지만, 빈곤층은 자신이 결코 출세하지 못할 것이라고 굳게 믿기 때문에 가욋돈이 생기면 즉시 사용하거나 서로 나눈다. 급한 일이나 도움의 손길이 필요한 일들은 사방에 널려 있고 순간을 즐기는 편이 나으니, 오프라는 돈을 나누어줄 것이다. 그렇게 하는 것 말고는 대안이 없기 때문이다. 도움을 청하는 이들에게 자신의 돈을 나누어주지 않으면, 다음에 남들에게 반대로 도움을 청할 일이 생기는 경우 차갑게 거절당할 것이다. 이것이 빈곤층 지원 시스템의 불문율이다. 빈곤층에서는 사람이 재산이고, 사람들은 서로 믿고 의지할 수 있다. 그리고 사람들의 요청을 절대적으로 우선시해야만 한다. 결국 사람이야말로 빈곤층에게 전부니까.

오티스와 밴지의 사례를 넣은 이유는 대물림되는 가난의 또 한 가지 측면이, 자식을 훈육할 때 '변화'가 아니라 '보속penance'(가톨릭 용어로서, 죄의 대가를 치르는 일)과 '용서'에 초점을 맞춘다는 점을 보여주기 위해서다. 어머니는 대물림되는 가난에서 가장 중요한 인물로서, 제한된 자원을 통제할 뿐 아니라 '영혼의 파수꾼keep of the soul'이기도 하다. 어머니는 보속과 용서를 베푼다. 빈곤층이 아이를 훈육하는 전형적인 방식은 말로 벌을 주거나 매로 다스린 후에 용서하고 음식을 주는 것이다(중산층이었다면 자녀에게 벌을 주거나 혼을 낼 때 '앞으로는 어떻게 해야 한다'라는 것에 초점을 맞추었을 것이다—옮긴이).

음식과 연관된 빈곤층의 한 가지 불문율은 '음식이 곧 사랑'이라는 것이다. 결국 남는 것은 사람뿐일 때, 어떻게 해야 자신이 그들을 사랑한다는 점을 보여주겠는가? 먹을 것을 줘서 계속 살 수 있게 해주면 된다. 교육자들이 저지르는 한 가지 실수는 대물림되는 가난에서 처벌의 '역할'과 '기능'을 오해하는 것이다. 앞에서 언급했듯이 이들에게 처벌은 변화가 아니라 보속과 용서와 연관된다. 빈곤층 사람들은 운명과 숙명을 강하게 믿는 편이다. 따라서 교사가 빈곤층의 학부모와 상담한 후에 '이제는 저 아이가 변하겠지' 하고 생각하는 것은 어긋난 기대다.

후안과 라몬의 사례에서는 폭력과 폭력 조직이 가난에서 차지하는 역할을 짚어보고자 했다. 폭력 조직은 일종의 지원 시스템이다. 실제로 폭력 조직은 생존에 필요한 거의 온갖 자원을 제공한다. 싸움과 폭력 역시 빈곤층 생활의 일부다. 가난한 사람들은 자기 몸을 스스로 보호할 능력을 갖추고 있거나, 누군가 자기를 보호해 줄 사람이 있어야 한다. 중산층은 서로 간에 갈등과 의견 차이가 생기는 경우,

둘 사이에 공간을 두려고 한다. 즉 서로 다른 방으로 가서 열기를 식히거나, 넓은 집에서 각자 자기 영역을 마련해 두고 침범당하지 않게 하거나, 이웃들이 서로 거리를 두고 떨어져 있는 동네에 거주한다. 하지만 빈곤층에서는 이렇게 할 수가 없다. 빈곤층에서 자기 영역을 지키는 유일한 수단은 물리적인 방법뿐이다. 또 가난한 사람들은 두 가지 이유로 경찰에 신고하지 않는다. 첫째는 경찰이 이미 그들을 찾고 있기 때문이고, 둘째는 경찰이 적절하게 대응해 주지 않으리라고 생각하기 때문이다. 도와주지 않는다면 뭐하러 굳이 부르겠는가?

아일린과 위스테리아의 시나리오에서는, 조부모와 사는 아이들이 점점 늘어나는데, 이것이 아이의 정서적 자원에 어떤 영향을 미치는지 살펴보고자 했다. 정서적 자원은, 역할 모델이 어떻게 역경을 극복하고 사람들과 교류하는지 아이가 관찰하는 과정에서 쌓인다. 아일린은 자라나면서 자기 엄마나 할머니처럼 되고 싶지 않다는 것을 깨닫게 될 테고, 그에 따라 적절한 역할 모델이 되어줄 여성을 찾기가 어려워질 것이다. 건강한 정서적 자원을 얻으려면 정체성이 형성되어 있어야 하고, 정체성이 형성되려면 그에 걸맞은 역할 모델이 있어야 한다. 그러나 할머니의 재정 자원이 부족하기 때문에, 아일린이 적절한 역할 모델을 만날 가능성은 교회와 학교로 좁혀질 것이다.

존과 아델의 시나리오는 이혼 때문에 가난에 처한 아이들의 사례를 잘 보여준다. 아델은 중산층에서 빈곤층으로 미끄러져 내려가고 있으나 빈곤층의 불문율을 모른다. 아델의 삶은 난관에 굴복해 정서적 자원을 빼앗기도록 방치했을 때 개인에게 어떤 일이 일어나는지 보여주는 사례다. 아델은 알코올 중독 때문에 정서적으로 연약하다 (반대로 생각해도 좋다. 정서적으로 약하기 때문에 알코올에 중독되었다고). 모든 자원 중에서 삶을 정연하게 만들어주는 가장 중요한 요소는 정서적 자원인 듯하다. 정서적 자원이 없으면 백발백중 가난으로 미끄러져 내려가고 만다. 하지만 아델은 재정적 자원마저 부족하기 때문에 대물림되는 가난의 불문율을 배워야만 한다. 그리고 대물림되는 가난의 한 가지 불문율은 '몸으로 생계를 유지해야 한다'는 것이다. 결국 '내 것'이라고 할 만한 것은 몸이 전부다. 그 가운데에는 섹스로 돈과 호의를 얻는 것도 포함된다. 가치관도 중요하지만 그것만으로는 식탁 위에 저녁식사를 올려놓을 수 없다. 극심한 압박에서 벗어날 위안을 찾을 수도 없다. 따라서 아델은 아마도 자동차 정비공과 두 가지 이유로 어울리게 될 것이다. ❶차를 고칠 수 있고, ❷시내에 나가서 외식을 할 수 있기 때문이다.

마리아와 노미의 사례는 라틴아메리카 출신자의 전형적인 빈곤 유형을 보여주는 이야기다. 라틴아메리카계의 빈곤 유형을 보면 대부분 부모가 둘 다 있다는 점이 공통적이다. 이 사례를 보면 알 수 있듯이 마리아와 노미는 다른 시나리오의 인물보다 자원이 많다.

결론적으로 개개인의 자원은 그때그때 다르다. 가난은 돈보다는 다른 자원들과 더 밀접히 연관된다. 그리고 그 자원들은 교육자들이 크게 영향을 미칠 수 있는 요소들이다.

WHAT DOES THIS INFORMATION MEAN IN THE SCHOOL OR WORK SETTING?
학교와 기업, 그리고 지식의 활용

- 학생 또는 직원의 자원을 먼저 분석한 후 그들에게 조언을 건네거나 해결책을 강구해야 한다. 중산층의 관점에서 볼 때는 매우 실질적인 제안일지라도 빈곤층의 시각에서는 실제로 불가능한 일일 수도 있다.

- 교육자들은 재정과 무관한 다른 자원에 영향을 미쳐서 학생의 삶을 크게 바꾸어놓을 수 있다. 예를 들어 좋은 역할 모델이 되는 일에 돈은 그다지 필요하지 않다.

CHAPTER 2
언어와 이야기의 역할

보수가 좋은 직업을 구하려면 격식을 갖춘 표현을 사용할 수 있어야 한다. 격식을 갖춘 표현은 중산층의 불문율이다. 따라서 이런 표현을 사용하지 못한다면 면접 때 즉시 낙오되고 말 것이다. 반면에 격식 있는 표현을 쓰면 시험 점수도 높아지고 중고등학교와 대학에서도 한층 잘 해낼 수 있다. 격식 있는 이야기 구소는 도입에서 출발하여 시간 순으로 또는 일반적인 서사 패턴에 따라 결말로 나아간다. 이때 가장 중요한 요소는 플롯이다.

A Framework *for* Understanding Poverty

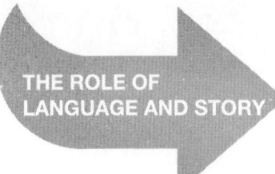

가난을 더 잘 이해하려면 언어의 세 가지 측면인 사용역registers of language, 담화 패턴discourse patterns, 이야기 구조story structure를 알아야 한다. 학교와 기업체에서 발생하는 핵심 문제들도 중산층과 빈곤층이 위의 세 가지 측면에서 서로 다르다는 점과 관련된다.

사용역

언어마다 다섯 가지 사용역이 있다(Joos, 1967년).

- **딱딱한** frozen : 형식이 늘 같은 사용역. 예를 들어 주기도문, 성혼 선언문 등.
- **격식 있는** formal : 학교와 직장에서 단어 선택과 구문의 기준이 되는 사용역. 완전한 문장과 구체적인 단어 선택.
- **상담조** consultative : 격식을 갖춘 대화체 사용역. 격식 있는 사용역만큼 담화 패턴이 직접적이지는 않음.
- **일상적** casual : 친구들 사이의 언어로, 400~800 단어가 주로 사용됨. 단어 선택이 포괄적이고 구체적이지 않음. 비언어적 수단에 의존함. 문장 구성이 완전하지 않을 때가 잦음.
- **친밀한** intimate : 연인이나 쌍둥이 사이의 언어. 성희롱 언어.

※ 규칙 : 주스(Joos)는 대화 중에 사용역을 한 수준 정도는 낮출 수 있고 이것이 사회적으로 용인된다는 점을 발견했다. 하지만 두 수준 이상 낮추는 것은 사회적으로 불쾌감을 준다.

그렇다면 이런 사용역이 빈곤층 학생에게 어떤 영향을 미칠까? 마리아 몬타노하먼 박사Maria Montano-Harmon(1991년)에 따르면, 첫째 소수 인종과 가난한 학생들 대다수(연구 대상이었던)가 집에서 격식 있는 사용역을 접하지 못한다고 한다. 사실 이런 학생들은 격식 있는 언어를 구사하지 못한다. 문제는 국가 시험(SAT, ACT 등)이 모두 격식 있는 사용역이라는 점이다. 또 다른 난점은, 보수가 좋은 직업을 구하려면 격식을 갖춘 표현을 사용할 수 있어야 한다는 사실이다. 격식을 갖춘 표현은 중산층의 불문율이다. 따라서 이런 표현을 사용하지 못한다면 면접 때 즉시 낙오되고 말 것이다. 반면에 격식 있는 표현을 쓰면 시험 점수도 높아지고 중고등학교와 대학에서도 한층 잘 해낼 수 있다.

격식 있는 표현 사용 문제가 더 복잡해지는 까닭은, 학생들이 그것을 사용하는 데 필요한 어휘나 구문을 모른다는 사실 때문이다. 학생들 사이의 일상적 대화를 관찰해 보면, 의미를 결정하는 요소가 단어 선택이 아니라 비언어적non-verval 수단임을 알 수 있다. 비언어적 수단을 사용하지 말고 글로써 소통하라는 요청은 당혹스럽고 힘겨운 일로서, 빈곤층 학생들은 대부분 피하려 든다. 이들에게 글을 사용해 소통하라는 요청은 거의 무의미하다.

사용역의 담화 패턴

사용역은 두 번째 논점인 담화 패턴과도 연관된다. 담화는 여기에서 두 가지 다른 의미로 사용된다. 첫째로 정보가 조직되는 방식이다.

영어의 경우, 격식 있는 사용역의 담화 패턴은 '단도직입적으로 말하기'다. 일상적인 사용역에서는 대개 주변부를 빙빙 돌다가 핵심으로 다가가게 마련이다. 격식 있는 표현을 접하지 못한 학생들을 대할 때, 교육자들은 이들 학생이 끝도 없이 다른 소리를 하는 데 질려버린다. 그러나 이것은 그저 일상적 사용역에서 정보가 조직되는 방식일 뿐이다.

1차 담화와 2차 담화에서 언어 습득

둘째로 1차 담화와 2차 담화라는 개념이다(Gee, 1987년). 1차 담화는 개인이 처음으로 습득하는 언어다. 2차 담화는 더 넓은 사회에서 살아가기 위해 익혀야 하는 사회의 언어다. 예를 들어 어떤 학생이 1차 담화로 스페인어의 일상적 사용역에 해당하는 언어를 습득했다 해도, 미국이라는 더 넓은 사회에서 사람들과 제대로 협상하고 그 사회에 참여하려면 격식 있는 영어를 배워야 한다. 지Gee는 1차 담화가 2차 담화와 동일할 때 학생들이 공부를 훨씬 잘한다고 지적했다.

그는 더 나아가서 습득과 학습을 구별한다. 습득acquisition은 언어를 배우는 가장 자연스럽고 좋은 방식으로서, 해당 언어에 빠져들어 그 언어와 끊임없이 작용하면서 배우는 것이다. 학습learning은 언어를 직접적으로 가르치는 방식으로서, 대개 메타 인지metacognitive 차원에서 진행된다. 하지만 지Gee는 다음과 내용은 언급하지 않았다. '언어는 오직 의미 있는 관계가 있을 때만 습득된다.' 이것은 또 다른 의문으로 이어진다. '정규 교육 과정에서 이런 관계를 얼마나 형성할 수 있는가?' 한번 생각해 보자. 당신이라면 수화手話를 사용할 만한 중요한 관계가 없는데, 즉 수화로 대화할 사람이 없는데 굳이 수화를 배우겠는가? 중국어를 사용해서 대화하고 싶을 만큼 당신에게 의미 있는 사람이 없는데, 굳이 중국어를 배우려 들겠는가?

따라서 학생들에게 일상 언어 대신 격식 있는 언어를 사용하라고 할 때, 교육자들은 그것을 직접적으로 가르쳐야 한다. 의미 있는 관계(즉 중요한 관계)가 없으면 격식 있는 언어를 자연스럽게 습득하지 못한다는 얘기다.

몬타노하먼(1991년)은 일상 언어 대신 격식 있는 언어를 학생들이 사용하려면 번역이 필요하다는 점을 발견했다. 왜냐하면 두 언어가 단어 선택, 구문, 담화 패턴에서 다르기 때문이다. 이러한 번역은 중요한 관계가 있을 때 더 의미를 띤다. 하지만 그런 관계가 없다면 좀 더 직접적으로 지도해야 한다.

담화 패턴

일상적인 사용역이 적용되는 구어口語에서는 격식 있는 사용역과 담화 패턴이 사뭇 다르다. 이때 담화란 정보를 조직하는 패턴으로 정의된다(아래 쪽의 그림 참조).

격식 있는 언어의 담화 패턴

 화자 또는 작자가 곧바로 핵심으로 들어간다.

일상적 언어의 담화 패턴

 화자 또는 작자가 주위를 빙빙 돌다가 핵심으로 다가간다.

위의 그림과 설명이 학생과 교사에게 의미하는 바는 무엇일까? 무엇보다도, 학부모와 교사가 상담할 때 서로 오해하기가 쉽다는 뜻이다. 교사는 단도직입적으로 말하고 싶어 하는데, 부모는 특히 빈곤층일 경우 변죽을 울리게 마련이다. 교사가 말을 끊고 핵심으로 다가가면, 부모는 이를 무례하고 배려 없는 행동으로 여긴다. 둘째로, 학생들이 글쓰기를 대단히 어려워한다는 뜻이다. 주변을 빙빙 돌기만 할 뿐, 핵심을 찌르는 표준 글쓰기 방식을 따르지 않기 때문이다. 이와 같은 담화 패턴은 세 번째 패턴인 이야기 구조와 연동된다.

이야기 구조

격식 있는 이야기 구조

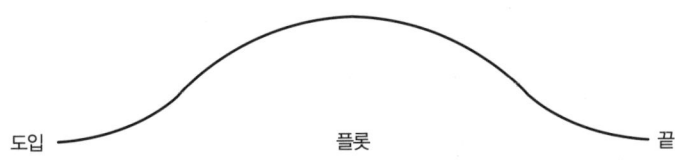

격식 있는 이야기 구조는 도입에서 출발하여 시간 순으로 또는 일반적인 서사 패턴에 따라 결말로 나아간다. 이때 가장 중요한 요소는 플롯이다.

일상적 이야기 구조

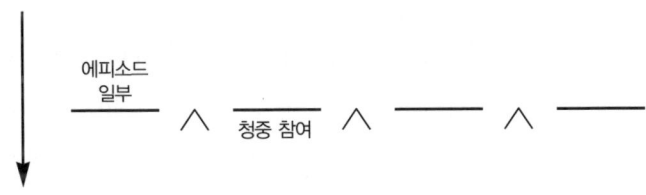

일상적 이야기 구조는 이야기의 결말 또는 감정이 가장 강해지는 지점에서 출발한다. 이야기는 짤막짤막한 장면 위주로 전달되고, 청중이 중간에 참여한다. 마지막에는 인물과 인물의 가치관 등에 관한 의견으로 끝이 난다. 이야기에서 가장 중요한 부분은 인물 묘사다.

신데렐라

이야기 구조story structure를 더 잘 이해하도록 신데렐라 이야기를 여러 방식으로 제시해 보겠다.

격식 있는 사용역 버전

옛날에 신데렐라라는 소녀가 살았다. 신데렐라는 아버지와 함께 아주 행복하게 살고 있었는데, 아버지가 그만 딸 셋 달린 여자와 재혼해 버렸다. 아버지가 죽자, 계모는 신데렐라를 박대하기 시작하면서 자신과 세 딸의 하녀로 만들어버렸다. 그러던 어느 날 국왕이 왕자의 혼인을 준비해야겠다고 마음먹고는, 방방곡곡에 사람을 보내 온 나라의 여인들에게 무도회에 참석하라고 알렸다. 그러나 신데렐라 자신은 왕궁에서 열리는 무도회에 가지 못하고, 그 대신 무도회에 참석하는 의붓언니들과 계모의 치장을 도와줘야 했다. 그들이 무도회로 떠난 후 신데렐라가 난로에 기대어 울고 있는데, 요정이 나타나더니 마술 지팡이로 신데렐라에게 아름다운 드레스와 유리 구두, 그리고 쥐가 끄는 호박 마차를 만들어주었다. 그러고는 신데렐라를 화려하게 치장하여 무도회로 보냈다. 단, 여기에는 조건이 하나 있었다. 자정이 되기 전에는 돌아와야 한다는 것.

왕자는 무도회에서 신데렐라에게 완전히 매혹되어 저녁 내내 신데렐라와 춤을 추었다. 시계가 자정을 알리자 신데렐라는 요정이 신신당부한 약속을 떠올리고 유리 구두 한 쪽만을 남긴 채 무도회장에서 도망쳤다.

왕자는 유리 구두를 이용해 신데렐라를 찾기로 한다. 그리고 방방곡곡을 수소문한 끝에 신데렐라를 발견한다. 구두가 신데렐라의 발에 꼭 맞았던 것이다. 왕자는 신데렐라와 결혼했고, 그 후로 둘은 행복하게 살았다.

일상적 사용역 버전

(고딕 글씨체가 화자의 말이고, 명조체가 청중이 참여해서 하는 말이다.)

- **음, 알다시피 신데렐라는 못된 계모가 계략을 꾸미는데도 왕자랑 결혼하잖아.**

  그 눈 째진 못된 아줌마!

- **요정이 있었으니 망정이지 아니었으면 무도회에 못 갔을걸.**

  맞아! 요정 꼬리에 축복 있으라! 나도 그런 요정 하나 있었으면….

- **근데 신데렐라가 정신을 못 차리고 12시가 될 때까지 있는 바람에 거의 망칠 뻔 했잖아. 요정이 그렇게 애써줬는데 말이야.**

  그러면 안 되지. 왕자밖에 눈에 안 들어온 거지 뭐. 왕자가 괜히 왕자겠어?

- **신데렐라가 무도회에 도착했을 때 의붓언니들하고 계모는 신데렐라를 알아보지도 못했잖아. 누더기를 벗으니까 너무 예뻤던 거지.**

  쌤통이야, 못된 계집애들.

- **왕자는 신데렐라와 춤추는 걸 멈출 수 없었어. 신데렐라에게서 눈을 뗄 수가 없었지. 마침내 제 짝을 찾은 거야.**

  정말 잘됐다! 인생이 동화처럼 되면 얼마나 좋을까. 내가 찰리와 만난 거랑 비슷한데. 호호.

- 게다가 신데렐라가 무도회에 갈 때 마차랑 마부까지 있었잖아. 정말 멋지지 않아? 안타깝게도 12시가 돼서 무도회장에서 달아날 때는 호박 덩어리랑 쥐 네 마리로 바뀌었지만!

  쥐들이 얼마나 놀랐을까!

- 그래서 왕자는 마음의 상처를 달래려고 신데렐라를 찾으러 나섰지. 유리 구두를 가지고 찾기 시작한 거야. 그런데 그 사악한 할망구가 신데렐라를 숨기고 있었잖아.

  똑같아! 엄마나 딸들이나!

- 하지만 왕자는 결국 신데렐라를 발견해서 결혼해. 신데렐라처럼 멋진 여자라면 그럴 자격이 있지.

  그놈의 계모를 성으로 절대 초대하면 안되는데. 또 하녀로 만들어 버릴 거라구!

두 번째 이야기 구조가 훨씬 더 재미도 있고 참여를 유발하며, 인물과 유머와 여러 느낌이 처음 구조보다 잘 살아난다. 처음 구조에는 순서와 질서, 인과관계와 결말이 있다. 이는 모두 문제 해결, 추론 등에 필요한 기술이다.

인지 연구에 따르면 이야기 구조는, 우리 뇌가 기억을 저장하는 방식이다. 처음 구조처럼 전달되면 기억이 좀 더 시간 순으로 저장되고 사고 패턴이 이야기 구조를 따라가게 될 것이다.

포이어스틴Feuerstein(1980년)은 에피소드들로 구성된, 거의 무작위로 구성된 기억이 사고에 미치는 부정적인 영향에 대해 설명했다.

문제 해결을 위해 할 일

성적과 언어 사이에는 매우 밀접한 상관관계가 있으므로, 이 문제는 반드시 해결해야 한다. 다음 제안은 구체적인 완성안이라기보다는 출발점으로 삼으면 유용할 것이다.

01 학생들에게 일상적 언어로 글을 쓰게 한 뒤에 격식 있는 언어로 바꿔 쓰게 한다(일상적 언어로 쓴 글의 사례를 얻고 싶으면, 학생들에게 평소 말하는 방식대로 글을 써보라고 하면 된다).

02 훈육 계획의 일부로서, 학생들에게 격식 있는 언어로 자신의 불만을 표현하는 방법을 가르치되, 부적절한 표현을 썼다고 해서 꾸짖지 않는다.

03 도표를 사용해 담화 패턴을 보여준다.

04 학생들에게 두 가지 방식으로 이야기를 들려준다. 먼저 격식 있는 이야기 구조에 따라서 들려준 다음, 일상적 이야기 구조로 들려준다. 그리고 나서 두 이야기의 공통점과 차이점에 대해 토론하게 한다.

05 학생들이 이야기를 글로 쓰도록 하거나 말하기에 참여하도록 격려한다.

06 수학, 사회, 과학 과목 등에서 이야기를 활용해 개념을 가르친다.

07 학생들과 함께 학습 태도와 관련한 이야기를 만들어본다.

WHAT DOES THIS INFORMATION MEAN IN THE SCHOOL OR WORK SETTING?
학교와 기업, 그리고 지식의 활용

- 격식 있는 언어는 직접 가르쳐야 한다.
- 상당수 학생들에게 일상적 언어가 1차 담화라는 것을 교사(또는 기업체의 간부)가 인식해야 한다.
- 담화 패턴 역시 직접적으로 가르쳐야 한다.
- 두 가지 이야기 구조를 모두 활용해 교육해야 한다.
- 학생이 부적절한 사용역을 사용할 때마다 적절한 사용역을 가르쳐준다.
- 격식 있는 표현이 잘 나가는 직장을 얻는 데 얼마나 큰 영향을 미치는지 가르쳐줘야 한다.

CHAPTER 3
각 계층의 불문율

대물림되는 가난에서 '결정적 변수'는 재미와 인간관계다. 중산층에서라면 이 기준이 대개는 '일'과 '성취', 두 가지와 연관된다. 부유층에서 중요한 것은 재정적·사회적·정치적 연줄의 영향이다. 빈곤층에서 돈이란 것은 인간성의 표현으로 간주되고, 오락과 관계 유지에 사용된다. 안전을 위해 돈을 쓴다는 개념은 중산층과 부유층에만 해당되는 얘기다. 그리고 부유층은 국제 무대가 자신의 세상이라고 생각한다. 중산층은 세상을 국가라는 그림에 비춰서 보려고 하는 반면, 빈곤층은 세상을 가까운 동네에 한정해서 볼 뿐이다.

A Framework *for* Understanding Poverty

불문율이란 집단 내에 적용되는 암묵적 신호와 관습이다. 집단과 경제적 계층마다 사용하는 신호가 각각 다르다. 미국에서는 일반적으로 인종 집단과 민족 집단 사이에서 쓰는 신호가 각자 달라도, 경제 집단들 사이에서 사용하는 신호는 그렇지 않다고 여긴다. 살펴봐야 할 불문율은 여러 가지가 있지만, 여기에서 다룰 것은 학교와 직장에서 성과를 거두는 데 가장 크게 작용하는 규칙들이다.

하지만 그 전에 한 가지 짚고 넘어가자.

퀴즈

다음 세 가지 항목이 제시하는 퀴즈에 답해 보자. 어떻게 하는지 아는 항목은 네모 박스 안에 체크☑해 보자.

QUIZ #1

빈곤층에서 살아남을 수 있을까?

☐ 01 동네 어디에서 또는 어떤 교회에서 가장 쓸 만한 자선 바자회가 열리는지 안다.

☐ 02 어떤 자선 바자회에서, 언제 '세일 판매'를 하는지 안다.

☐ 03 어떤 식료품 가게의 쓰레기통을 뒤지면 먹을 만한 음식을 구할 수 있는지 안다.

☐ 04 어떻게 해야 사람을 교도소에서 빼낼 수 있는지 안다.

☐ 05 몸으로 싸우거나 방어하는 법을 안다.

☐ 06 중고차에 문제가 생겼을 때 어디를 점검해야 하는지 안다.

☐ 07 은행 계좌 없이도 생활할 수 있다.

☐ 08 전기와 전화 없이도 살아갈 수 있다.

☐ 09 칼을 가위처럼 쓸 줄 안다.

☐ 10 자신의 개성과 이야기로 친구들을 즐겁게 해줄 수 있다.

☐ 11 돈이 없어서 각종 청구서 대금을 지불하지 못할 때 어떻게 해야 하는지 안다.

☐ 12 무료 진료 서비스를 어디에서 받아야 하는지 안다.

☐ 13 물물교환과 거래에 매우 능하다.

QUIZ #2

중산층에서 살아남을 수 있을까?

☐ 01 (어떻게 해야) 아이를 리틀 야구단 또는 축구팀에 들어가게 하거나 피아노 교습을 받게 할 수 있는지 안다.

☐ 02 식탁을 잘 차릴 수 있다.

☐ 03 어떤 가게에 가면 우리 가족이 입는 브랜드의 옷을 구할 수 있는지 안다.

☐ 04 우리 아이는 의류 업계 최고 브랜드의 이름을 안다.

☐ 05 고급 식당에서 주문하는 법을 안다.

☐ 06 신용카드, 수표 계좌, 은행 계좌를 사용할 수 있다. 그리고 연금이 무엇인지 이해한다. 생명보험, 상해보험, 의료보험 정책, 주택 화재보험, 홍수보험, 신축 비용 보상보험replacement 등의 용어를 이해한다.

☐ 07 아이들에게 대학 진학과 관련하여 이야기할 수 있다.

☐ 08 새 차를 구입할 때 최적의 이율로 대출받는 방법을 안다.

☐ 09 주택 대출에서 원금과 이자가 어떻게 다른지 이해한다.

☐ 10 아이들의 숙제를 도와줄 수 있고, 확인해야 할 사항이 있으면 주저하지 않고 학교에 전화할 줄 안다.

☐ 11 기념일에 맞게 집안을 꾸밀 수 있다.

☐ 12 도서관 대출 카드 발급받는 방법을 안다.

☐ 13 차고에 있는 도구를 대부분 사용할 줄 안다.

☐ 14 집에 있는 물건이 고장 나면 즉시 고친다. 아니면 수리하는 사람을 부른다.

QUIZ #3

부유층에서 살아남을 수 있을까?

☐ 01 한국어뿐 아니라 다른 두 가지 외국어로 된 메뉴를 읽을 수 있다.

☐ 02 세계 여러 나라에 좋아하는 식당이 있다.

☐ 03 기념일이나 휴일에 집안을 적절하게 장식해 줄 사람이 누군지 알고 그 사람을 고용할 수 있다.

☐ 04 좋아하는 재무 컨설턴트, 법률 조언자, 디자이너, 가사 노동 서비스 센터, 미용사 등이 있다.

☐ 05 사람을 두고서 관리하는 거주지가 적어도 두 군데는 된다.

☐ 06 집에서 일하는 사람들이 집안의 비밀을 지키고 충성심을 유지하게 할 수 있다.

☐ 07 만나고 싶지 않은 사람들을 차단하는 '막'이 적어도 두어 개는 있다.

☐ 08 회사에서 비용을 대주는 비행기를 이용한다.

☐ 09 원하는 사립 학교에 아이를 진학시킬 수 있다.

☐ 10 '핵심' 인물이 참석하는 파티를 개최할 수 있다.

☐ 11 적어도 두 개의 자선 단체 위원회에 적을 두고 있다.

☐ 12 특정 예술가의 작품을 후원하거나 구입한다.

☐ 13 기업의 재무제표를 읽을 수 있고, 자기 회사의 재무제표를 분석할 수 있다.

이 퀴즈의 첫 번째 의미는, 예컨대 중산층의 불문율을 거의 다 아는 사람이라면 아마도 중산층에 속할 것이라는 뜻이다. 그리고 다른 두 계층의 불문율을 잘 모른다면, 앞에서 언급된 목록을 참고 삼아 그것들이 해당 계층에서는 당연시된다는 점을 이해할 수 있다. 그렇다면 이들 불문율에는 어떤 것들이 있을까? 다음 쪽의 차트를 보면 빈곤층, 중산층, 부유층의 주요 불문율이 간단히 소개되어 있다.

몇 가지 해석과 이야기를 참고하면 퀴즈와 차트를 좀 더 쉽게 이해할 수 있을 것이다. 결정적 요인에 주목하기 바란다. 예를 들어, 어떤 학교에서 교직원들이 돈을 걷어 냉장고가 없는 학생의 가정에 냉장고를 기증했다고 하자. 3주 후, 그 학생이 1주일간 학교에 결석했다. 학생이 돌아오자, 교사는 학생에게 결석한 이유를 물었다. 그의 대답은 "가족들이 너무나 스트레스를 많이 받아 캠핑을 다녀왔다"는 것이었다. 캠핑 갈 돈은 어디에서 났을까? 당연히 냉장고를 팔아치워 생긴 돈으로 간 것이다. 대물림되는 가난에서 '결정적 변수'(결정에 중요한 요인)는 재미와 인간관계다. 중산층에서라면 '결정적 변수'의 기준이 대개는 '일'과 '성취', 두 가지와 연관된다. 부유층에서 중요한 것은 재정적·사회적·정치적 연줄의 영향이다.

스스로 몸을 이용해 싸울 수 있거나 자신을 대신해 싸워줄 사람이 있다는 사실은 빈곤층에서 생존하는 데 중요한 요소다. 하지만 중산층에서는 갈등 해소의 도구로서 언어가 필수적이다. 빈곤층에서 주먹이 자주 사용되는 이유는, 그들이 말을 잘 할 줄도 모르고 말이 존중되지도 않기 때문이다.

계층의 불문율

구분	빈곤층	중산층	부유층
재산	사람	물건	하나뿐인 물건, 유산, 혈통
돈	소비하는 것	관리하는 것	보존하고 투자하는 것
개성	오락을 위한 것, 유머 감각을 매우 중시	성취와 안정을 위한 것, 성취 중시	인맥을 위한 것. 경제, 정치, 사회적 인맥 중시
사회적으로 중시하는 것	좋아하는 사람과 같은 집단에 있는 것	자급자족, 독립을 중시	사회적 배타성
음식	핵심: 배부르게 먹었나? 양이 중요	핵심: 맛이 있었나? 질이 중요	핵심: 보기 좋았나? 모양새가 중요
옷	개인의 스타일과 개성 표현	중산층의 기준에 어울리는가. 품질과 상표 중시	예술적 감각과 표현, 디자이너 중시
시간	현재가 가장 중요. 결정에 중요한 요소는 느낌 아니면 생존	미래가 가장 중요. 결정에 중요한 요소는 앞으로의 결과	전통과 역사가 중요. 결정은 전통과 예절에 영향 받음
교육	추상적으로는 존중하지만 현실적으로는 아님	성공의 사다리를 올라서 부유해지는 데 핵심적	인맥을 만들고 유지하는 데 필요
운명	운명을 믿음. 우연한 사건에 대처할 방법이 없음	선택을 믿음. 지금 선택 잘하면 미래 바뀜	노블레스 오블리주
언어	언어는 생존과 관련됨. 일상 언어.	언어는 협상과 관련됨. 격식 있는 언어.	언어는 인맥과 관련됨. 격식 있는 언어
가족 구성	여성 중심	남성 중심	돈 있는 사람 중심
세계관	지역사회 관점으로 봄	국가 관점으로 봄	세계적 관점으로 봄
사랑	그 사람을 좋아하느냐에 따라 사랑과 인정이 달라짐	그 사람의 성취에 따라감	사회적 위치와 인맥에 따라감
결정적 요인	생존, 관계, 오락	일, 성취	경제, 정치, 사회적 연고
유머	사람과 섹스에 관해	상황에 관해	사회적으로 무례한 행동

상류 부유층과 단순 부유층, 그리고 그 이하의 계층을 가르는 중요한 체험은 바로 교육, 그리고 이러한 교육 방식과 함께 평생을 따라다니는 '인맥'과 '지각'과 '감수성'이다. 신흥 상류층과 기존 상류층 양성소이면서 동시에 선발장이기도 한 사립 학교는 상류층이 전국적으로 알려지는 데 기여한 공통의 요소다.

- C. 라이트 밀스 C. Wright Mills, 《파워 엘리트 The Power Elite》

가난에서 벗어나는 데 가장 큰 장애물은 돈을 관리하고 돈에 관한 일반적인 정보를 통제하는 것이다. 가져본 적이 없는 것을 무슨 수로 관리할 수 있겠는가? 빈곤층에서 돈은, 인간성의 표현으로 간주되고, 오락과 관계 유지에 사용된다. 안전을 위해 돈을 쓴다는 개념은 중산층과 부유층에만 해당되는 얘기다.

퀴즈에 제시된 질문 가운데 '칼을 가위처럼 쓴다'는 내용은 빈곤층에서 도구가 부족하다는 점을 보여주기 위한 예문이다. 도구는 (집 안에서 쓰는 도구든 정비용 도구든) 여러 면에서 중산층을 식별하게 해주는 요소다. 따라서 재산을 관리하고 물건을 수리하는 것은 도구의 유무에 좌우된다. 도구가 없으면 물건을 고치거나 관리할 수도 없다. 어떤 학생은 가위나 펜이나 종이나 연필이나 자 등이 없어 과제를 하지 못한다.

계층 간에 가장 큰 차이는 '세계'를 정의하는 방식이다. 부유층은 국제 무대가 자신의 세상이라고 생각한다. 몇몇 사람은 내게 "내가 좋아하는 식당은 브라질(또는 프랑스)에 있어요"라고 말한 적이 있다.

중산층은 세상을 국가라는 그림에 비춰서 보려고 하는 반면, 빈곤층은 세상을 가까운 동네에 한정해서 본다. 몇몇 빈곤층 4학년 학생은 "휴스턴과 베이타운은 생활 방식이 어떻게 다른가?"라는 질문에 이렇게 썼다(베이타운은 휴스턴에서 20분 거리에 있다). "휴스턴 사람들의 집에는 TV가 없다."

부유층에서는 특정 집단에 가입하거나 소개를 받으려면 그 집단에서 이미 인정받은 사람의 소개를 받아야 한다. 그러나 중산층에서는 뒤로 물러서서 자신을 소개하지 않는 행동이 일반적인 기준에 맞지 않는다. 그리고 빈곤층에서는 누군가를 소개받기도 전에 그 사람에 관해 이야기하는 일이 종종 일어난다.

불문율에 관해서는 이야기할 소재가 매우 많다. 핵심은 우리가 특정인과 그 사람의 능력을 평가할 때 불문율의 영향을 많이 받는다는 점이다. 불문율은 누군가 특정 지위로 올라서려고 할 때 장애 요인이 될 때도 많다. 심지어 애초에 특정 직업을 구하지 못하도록 막는 걸림돌이 되기도 한다.

WHAT DOES THIS INFORMATION MEAN IN THE SCHOOL OR WORK SETTING?
학교와 기업, 그리고 지식의 활용

- 학교나 직장에서 누군가 다른 사회 계급의 불문율을 잘 이해하지 못하면, 해당 계급의 다른 구성원들은 그 사람이 (학업이나 업무 관련) 지능이 부족하다고 가정하기 쉽지만, 진정한 문제는 그 사람이 불문율을 모른다는 점일 때가 많다.

- 학생들에게 중산층의 불문율을 가르쳐야 한다. 그 대신 아이들이 자기 세계의 불문율을 멸시하게 하지 말고, 스스로 원할 때 선택할 수 있는 또 다른 규범으로서 중산층의 불문율을 가르치는 편이 낫다.

- 학생과 부모가 보여주는 태도의 상당 부분은 그들의 문화와 신념 체계에서 중추적인 부분이다. 따라서 더 낫고 효과적인 해결책을 찾을 수 있다면 중산층의 방식만을 강요할 필요는 없다.

- 빈곤층의 문화와 가치관을 이해하게 되면, 교육자 또는 관리자가 빈곤층 학생과 부모를 상대할 때 느끼는 분노와 좌절이 상당 부분 누그러질 것이다.

- 내가 대화해 본 빈곤층 학생 대다수는 복지 수당을 받으면서도 자신이 가난하다고 믿지 않았다. 내가 대화해 본 부유층 성인 대다수는 자신이 부유하다고 생각하지 않는다고 하면서 자기보다 더 돈이 많은 사람을 거명했다.

CHAPTER 4

대물림되는 가난

대물림되는 가난에서 벗어나고 그렇게 벗어난 상태를 유지하는 열쇠는 '교육' 이다. 개개인이 가난에서 벗어나게 되는 동기는 다음 네 가지 중 하나다. 첫째, 뭔가 갖고 싶거나 되고 싶은 목표 또는 비전, 둘째 너무 고통스러워서 벗어나야만 하는 상황, 셋째 '후원' 해 주는 사람(교육자든 배우자든 조언자든 역할 모델이든 간에, 빈곤층에게 새로운 길을 제시하거나 다르게 살 수 있다고 이해시키는 사람)의 존재, 넷째 구체적인 재능이나 능력이 있을 때 등이다.

A Framework *for* Understanding Poverty

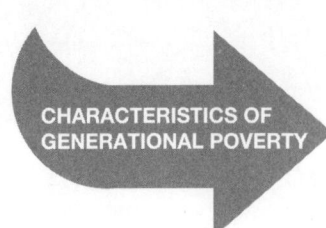

CHARACTERISTICS OF
GENERATIONAL POVERTY

> 삶은 더불어 살아가는 공동체 생활이 아니라 단지 같은 곳에서 사는 공동 생활일 뿐이다.
>
> —마이클 해링턴 Michael Harrington, 《또 다른 미국 The Other America》

대물림되는 가난은 적어도 두 세대가 연이어 가난한 상태를 뜻한다. 하지만 그 가족이 대물림되는 가난에 처한 다른 사람들과 더불어 살아간다면, 패턴 자체는 두 세대보다 훨씬 전부터 생성되기 시작한다. 반면에 상황에 따른 가난이란 특정 사건(죽음, 만성 질병, 이혼 등)으로 일어난 자원 부족 상태를 뜻한다.

대물림되는 가난에는 그 자체의 문화, 불문율, 신념 체계가 있다. 어떤 상황이 대물림되는 가난generational poverty인지 상황에 따른 가난situational poverty인지 판별하는 핵심 지표 가운데 하나는 전반적인 분위기다. 상황에 따른 가난에 처한 사람들은 자존심도 있고 자선을 거부하는 경우가 많다. 따라서 이들은 대물림되는 가난에 처한 사람들에 비해 일반적으로 자원이 더 풍부하다. 그 가운데 특히 중요한 자원으로 격식 있는 언어가 있다.

그렇다면 대물림되는 가난에 처한 빈곤층이 중산층과 그토록 다른 까닭은 무엇인가? 빈곤층 학생들에게 학교 교육이 그렇게 불만족스러운 이유는 무엇인가? 몇몇 차이점은 앞에서 불문율을 이야기하면서 언급했다. 이제 그 차이를 좀 더 잘 알아보기 위해 사례 연구를 활용해 보겠다.

사례 연구 : 월터(백인 남자)*
가난한 사람들이 흔히 하는, 친척이나 이웃이 들려주었을 법한 이야기

- 음, 월터가 감방에 간 지도 꽤 시간이 흘렀네. 벌써 쉰여덟인데. 아마 감방에서 죽을 거야. 그걸 못 참고 열두 살밖에 안 된 수지한테 손을 대다니, 쯔쯔~.
  더러운 노인네. 보딩이 가만 안 놔둘걸.
- 이미 가만 안 놔뒀지. 보딩이 감옥에서 그 인간 기다리고 있다가 혼구멍을 내줬잖아.
  감옥에서?
- 그렇다니까. 보딩이 불법 점유로 잡혀갔잖아. 체포될 때 1만 2,000달러를 갖고 있었대.
  와, 나노 같이 한몫 챙길걸!(웃음) 사람이 먹고는 살아야잖아?
- 수지가 눈이 안 보이니 보딩이 그 인간을 그렇게 패준 것도 이해가 간다. 그 노

---

* 월터의 이야기는 텍사스 휴스턴에서 1995년 3월에 실제로 발생한 사건이었다. 고딕체 표시가 된 것은 판결에서 나온 이야기를 화자가 말한 것이고, 고딕체 표시가 없는 것은 대물림되는 빈곤층에서 사람들이 할 법한 대꾸다. 사생활을 보호하기 위해 실명은 쓰지 않았다.

인네 맞아죽지 않은 게 다행이네.

걔 엄마가 그 모양인 게 안타깝지.

- 그 여자가 애초에 발단이었잖아. 수지 엄마가 거기 가서 보딩하고 싸우기 시작했다니까.

둘이 이혼한 거 아니었어?

- 맞지, 그리고 대신 월터더러 와서 일하라고 했잖아. 자기 집도 고치고 그러라고. 고칠 게 퍽이나 있겠다. 그 집에 고칠 만한 게 뭐가 있다구?

- 아무튼, 수지 엄마가 보딩 집에 가서 잔디깎기를 가져오려고 했다나 봐.

그러니까, 월터한테 잔디를 깎게 하려구? 그 노친네 평생 처음으로 땀 흘린 거겠군. 월터가 직장 구할까 한다던 모습이 생각나네. 그런저런 생각에 술을 퍼마시더라고. 그때도 감방에 갔었지. 중죄였던 거 같아. 음주 운전이야 셀 수도 없고. 판사가 지독한 놈이라고 그랬다나. 월터는 자기가 지저분하진 않다고 했다나 봐. 1주일 전에 목욕이라도 한 건지!(웃음)

- 보딩이랑 수지 엄마가 싸우게 돼서 수지 엄마가 월터더러 수지를 데려가라고 했대.

저런, 제정신이 아니로군! 월터가 미성년자 유혹해서 체포된 적 있다는 것도 몰랐나?

- 수지가 눈도 안 보이고 그런데. 수지를 월터한테 딸려 보냈다니?

자기 애 생각은 하지도 않는 거로군.

- 어쨌건 월터 엄마가 거기 있었대. 월터가 엄마랑 같이 살았잖아. 직장을 구하지 못해서 그랬나 봐.

동생인가도 거기 살지 않았나?

- 맞아. 쉰한 살 된 동생. 그 아줌마 처지도 참 딱하지. 거기다 서른 된 딸 수지의 엄마(그러니까 월터 동생)도 같이 있었던 거고. 수지 엄마가 애들 양육권 빼앗긴 거 알지. 게다가 월터가 비디오를 모으잖아. 성인 비디오 말야. 하악하악! (웃음) 어떤 비디오는 보는 것보다 듣는 게 더 재밌지!(웃음) 출연진들이 어찌나 숨들이 넘어가는지!

- 어쨌든 월터가 그걸 틀고서 수지를 자기 방으로 데려가서는 '네가 날 원하는 거 알아'라고 했대. 그러면서 자신의 업적을 좌르르 늘어놓더라니!

  우아, 밤일을 엄청 잘하나 보군.(웃음) 그놈은 쏴 죽여야 돼. 내 딸한테 그랬으면 죽여버렸을 거야.

- 그러고는 손가락으로 더듬더듬 했다는군.

  전화 번호부 넘기듯이!(웃음)

- 아마 '물건'으로 뭘 하진 않은 것 같아. 그 판결에 날마다 참석한 미스 로지(월터 엄마의 동생) 말에 따르면 그렇다더라구. 수지는 제발 그만두라고 수도 없이 이야기했고.

  물건으로는 하려고 해도 할 수가 없었던 거겠지. 그래서 비디오에서 나는 하악 소리가 필요했던 거고. 헉! 헉!(웃음) 얼마나 쓸데없고 추접스런 쓰레기냐. 보딩한테 살인 청부라도 하고 싶다.

- 보딩 말이, 월터가 감옥에서 나올 방법은 관에 들어가는 것뿐이라고 했대.

  나라도 그러겠다.

- 그래. 미스 로지가 그러는데, 월터 엄마가 법정에서 이러더래. 월터 방문이 열려 있어서 그런 짓을 하고 싶어도 할 수 없었다고. 자기가 선량한 기독교인이라 아

들이 그런 짓을 하게 내버려두지 않는다고.

오 주여. 혹시 그때 벼락이 쳐서 그 아줌마 머리에 떨어지진 않았고? 나 같으면 최후의 심판이 무서워서라도 그런 말 못하겠다!

- 미스 로지 말이 자기 조카가 열두 살인데 이렇게 증언했대. 사실은 문이 닫혀 있었는데 할머니가 열려 있었다고 하랬다고.

저런, 저런! 그 딱한 것이 사실대로 말했단 말이야? 할머니가 가만 안 놔두게 생겼네!

- 그랬더니 월터 엄마가 배심원한테 그러더래. 자기는 성인 비디오 따위를 집에 들여오게 하지 않는다고. 적어도 자기가 돈을 대주지는 않는다고!(폭소)

판사가 잘도 속아 넘어갔겠는데! 엄마 돈 아니면 월터가 돈을 어디서 구한다고? 잔디 깎아서?(웃음) 아냐, 한 푼 두 푼 아낀 걸 거야!(웃음)

- 그 나이가 되도록 월터를 감싸줬는데, 더 이상은 그럴 수가 없었나 보네.

월터가 술에 취해서 엄마 차를 들이받는데 월터 엄마가 자기가 운전하고 있었다고 했던 거 기억나? 그때 그 아줌마 다리 부러져서 병원에 입원해 있었잖아. 그래서 판사가 어떻게 병원에 있으면서 동시에 운전할 수가 있느냐고 했지. 그랬더니 그 아줌마 왈, '바로 그거에요. 동시에 한 거죠, 그토록 흥분된 적이 없었다구요.' 라고 했잖아.(웃음) 월터를 잡아넣은 게 누구래?

- 그게, 수지 엄마는 아니야. 그 여자는 새 남자친구 스키터랑 노느라 바빴거든. 듣자 하니 물건이라던데.

그 여자 남자친구 중에 똑똑하다고 했던 그 남자 기억나?

- 똑똑하기로 말하자면 수지가 똑똑하지. 눈도 안 보이는데 지역 7학년 받아쓰기 대회에서 상도 받았잖아. 공부도 잘하고 여러 가지로 잘난 애들만 들어가는 전국명예사회(National Honor Society) 회원인가 그렇지.

그거 혹시 컨트리클럽 같은 건가. 골프 치는 대신 스펠링 연습하는 거!(웃음)

- 수지가 자기 친구에게 전화했더니, 친구가 자기 엄마한테 말해서 같이 왔대. 친구 엄마가 수지를 데리고 경찰서랑 병원에 갔다더군.

부잣집 마나님이 참견하신 게로구만.

- 뭐 어쨌거나 수지한테는 잘된 일이지. 자기 엄마는 아무 도움도 안 되니까. 그 여자한테 수지는 과분한 딸이지. 왜 그런 여자가 장님이 안 되고 말야.

그건 아니지. 내가 보기에 그 여잔 눈뜬 장님이라구. 새 남자친구 스키터를 봐!(폭소)

위의 사건을 보면서, 대물림되는 가난의 특징 가운데 무엇이 연관되어 있었는지 표시 ☑ 해 보자.

☐ **배경 '잡음'** : TV가 상황에 무관하게 거의 항상 켜져 있다. 대화는 서로 참여하는 방식으로 진행되며, 한 번에 두어 사람이 동시에 말할 때도 많다.

☐ **개성 중시** : 개개인이 주변 사람에게 줄 수 있는 것은 즐거움이다(돈은 제공하지 못하므로). 재미있게 해주고, 이야기를 들려주고, 유머 감각이 있는 사람이 크게 인정받는다.

- 오락 강조 : 겨우겨우 삶을 이어가는 상황이라면, 휴식이 대단히 중요해진다. 오락은 좋은 휴식이다.
- 관계 중시 : 의지할 수 있는 것은 사람뿐이므로, 그들과의 관계가 생존에 중요하다. 특별히 아끼는 사람이 따로 있다.
- 어머니 중심 구조 : 가정을 보살피는 어머니가 가장 강력한 위치에 올라선다.
- 구어 전통 : 일상적 사용역이 모든 상황에 사용된다.
- 생존 중심 : 학구적 화제에 관한 논의는 달갑게 받아들여지지 않는다. 추상적인 이야기를 다룰 여유 따위는 없다. 논의는 사람과 관계를 중심으로 돌아간다. 직업이란 생존에 필요한 돈을 버는 일이다. 이력은 신경 쓰지 않는다(즉 이런 식이다. "일거리를 찾다가 마침 이 일을 하게 됐지").
- 남성은 연인이자 전사戰士의 역할에 얽매여 있다. 남성에게 중대사는 '남자'가 되는 것이다. 남성은 딱딱한 규칙에 따라야 하고 육체적으로 힘들게 일해야 한다. 동시에 여자를 사랑하는 연인이자, 여자를 위해 싸우는 전사가 돼야 한다.
- 여성은 구원자이자 희생자의 역할에 얽매여 있다. '좋은' 여성이란 남편과 아이들을 보살피고 구원하는 여자다.
- 비언어적, 운동 감각적 의사 소통이 중요 : 공간 및 비언어적 감정 전달 수단으로 촉각이 활용된다.
- 사람 소유 : 사람은 소유물이다. 빈곤층을 떠나고 '부모의 가치관에서 벗어나는' 것에 관해 비판도 많고 두려움도 크다.

☐ 부정적 태도 : 어떤 일에 실패하면 이야깃거리가 되거나 놀림당하기 쉽다.

☐ 훈육 : 처벌은 '변화'가 아니라 '보속'과 '용서'를 위한 것이다(즉 자녀에게 벌을 줄 때 '앞으로는 이렇게 바뀌어야 한다'는 데 초점을 맞추기보다 '어떤 방식으로 잘못의 대가를 치를지'와 '언제, 어떻게 용서할지'에 초점을 맞춘다—옮긴이).

☐ 운명론 : 운명과 숙명을 굳게 믿는다. 흔히 '관둘래' 또는 '못해'라고 말한다.

☐ 이분법적 사고 : 여러 선택 안을 찾아보는 법이 거의 없다. 모든 것이 흑 아니면 백으로 분리되어 있다. 그 밖의 가능성은 별로 고려하지 않는다.

☐ 짝짓기 춤 : 짝짓기 춤이란 몸을 성적인 방식으로 이용하는 것, 그리고 언어와 언어 이외의 방식으로 신체 일부를 칭찬하는 것과 연관된다. 재정 자원이 별로 없는 상황에서 성적으로 누군가를 끌어당기려고 하니 몸을 이용하게 된다.

☐ 시간 : 유일한 시간은 현재뿐이다. 미래는 단어로서 존재할 뿐이다. 시간은 유동적이고 측정되지 않는다. 실제 측정된 시간이 아니라 감정적 중요도를 근거로 시간을 분배할 때가 많다.

☐ 유머 감각 : 빈곤층에서는 오락이 매우 중요한 요소이므로 유머 감각이 높게 평가된다. 유머는 항상 사람에 관한 것이다. 사람들이 마주치는 상황이나 어떤 사람이 다른 사람에게 하는 일 등이 유머의 소재로 등장한다.

> ☐ 질서, 체계가 부재 : 빈곤층의 집은 보통 너저분하고 어수선하다. 정
> 리 정돈에 필요한 도구(서랍, 파일, 수첩 등)가 없다.
> ☐ 현재에 살며, 미래를 고려하지 않는다 : 주도적으로 목표를 설정하고
> 계획을 짜는 것은 대물림되는 가난에서 보기 힘든 일이다. 사람들
> 은 대부분 일어난 일에 반응하며 현재에 머무른다. 현재의 행동은
> 미래에 야기할 결과를 거의 고려하지 않는다.

병원이나 복지기관 직원에게 자신이 엄청나게 모욕당하는 상황과 연관된 이야기를 할 때조차 그녀는 어떻게든 그 어수선함 속에서 우스운 것을 찾아내서는 나와 자신을 끊임없이 웃겼다(워싱턴 부인이라는 여성을 묘사하는 글에서).

— 조너선 코졸 Jonathan Kozol, 《놀라운 은총 Amazing Grace》

월터의 사례 연구 정리

월터의 사례는 대물림되는 가난과 연관된 여러 가지 문제를 보여준다. 우선 가족이 모두 함께 산다. 또 자식들 나이가 예순이 다 되었는데도 어머니가 여전히 막강한 권력을 휘두른다. 그래서 아직도 자식들 대신 변명을 해준다. 어쨌거나 자기 자식이니까. 월터의 사례에서는 어머니 중심의 가족 구조와 사람을 소유하려는 태도가 엿보인다. 외부 권위자가 아닌 어머니가 자식들의 죄와 벌을 결정한다. 어머니는 자신이 도덕적이고 교회에 나간다는 점을 방패 삼지만, 이것은 중

산층이 생각하는 기독교의 개념과 다르다. 어머니에게 기독교란 그저 무조건적 사랑을 뜻한다. 현재, 그러니까 지금 납득하고 설득할 수 있으면 그것이 곧 진실이다. 미래에 일어날 일은 아무도 중요하게 생각지 않는다. 오락은, 그것이 도덕적이든 비도덕적이든 중요하다.

　이웃들의 관점에서 보면 대물림되는 가난의 실상을 좀 더 잘 알 수 있다. 아이를 성적으로 학대하는 것을 대단히 혐오하는 모습이 드러나기는 하지만, 이야기는 월터와 그 가족을 조롱하고 말을 퍼뜨리는 것을 중심으로 돌아간다. 유머는 월터와 가족을 비난하려는 용도로 사용된다. 이런 식의 이야기에서 비난하는 대상이 '돈 많은 변호사들'과 법률 체계가 될 때도 많다. 하지만 운명론을 받아들이는 태도가 드러난다. '어쩔 수 있겠어? 원래 그런 건데.'

대물림되는 빈곤층의 가족 패턴

대물림되는 가난을 이해하는 데 큰 혼란을 유발하는 요소 중 하나는 가족 패턴이다. 중산층에서는 이혼한 경우라 하더라도 법률 문서가 있으므로 가계를 추적하기가 비교적 쉽다. 반면 가난이 대물림된 경우에는 결혼 관련 절차 등이 관습법을 따라갈 때가 많다. 결혼과 이혼을 합법적으로 처리하는 것은 오직 분배할 재산이 있거나 아이 양육권 문제가 있을 때뿐이다. 법적으로 애초에 결혼한 적도 없고 분배할 재산도 없다면, 무엇 때문에 있지도 않고 필요하지도 않으며 사들일 수도 없는 것을 위해 변호사를 고용하겠는가?

중산층에서는 가족 구성이 다음에 나오는 다이어그램과 비슷한 형태를 보인다. 혈통을 추적하거나 가계 패턴을 찾아낼 수 있다는 뜻이다.

가난이 대물림된 경우에는 어머니를 중심으로 가족들이 퍼져 나간다. 생물학적 아버지가 누군지 어머니 자신도 모르는 때도 있지만 대부분은 아버지가 누구인지 안다. 두 번째 다이어그램은 실제 상황을 그린 것이다(실명은 아니다).

이 패턴을 보면 졸린Jolyn은 법적으로 세 번 혼인했다. 졸린과 남편1은 자녀가 없었다. 졸린과 남편2는 자녀가 하나(윌리) 있는데, 둘은 이혼했다. 남편2는 결국 자기가 몇 년 동안 동거하던 여자와 결혼했고 아이도 하나 낳았다. 이 여자는 남편2를 만나기 전에 이미 아들이 하나 있었다. 윌리는 관습법상 아내인 셰이Shea가 있고, 둘 사이에는 딸이 하나 있다. 졸린과 남편3은 몇 년 동안 동거하다가 결혼했고, M.J.라는 아들이 있다. M.J.는 열아홉 살에 동갑내기 소녀와 아이를 낳았지만, 그 아이는 소녀의 어머니 집에 산다. 졸린은 남편3과 이혼하고, 지금은 동성 연인과 동거 중이다. 남편3은 젊은 여자와 살고 있고, 그 여자도 임신한 상태다.

어머니는 언제나 중심에 있다. 이 점은 어머니가 여러 명과 성관계를 맺을 때도 동일하다. 아이들 역시 여러 명과 관계를 맺는다. 기본 패턴을 보자면 어머니가 모든 일의 중심에 있고, 거의 모든 이가 여러 명과 관계를 맺는데, 어떤 관계는 법적으로 유효하고 어떤 관계는 아니다. 대부분 이런 식으로 관계가 뒤얽힌다. 또 흔히 나타나는 패

중산층 가족 도식

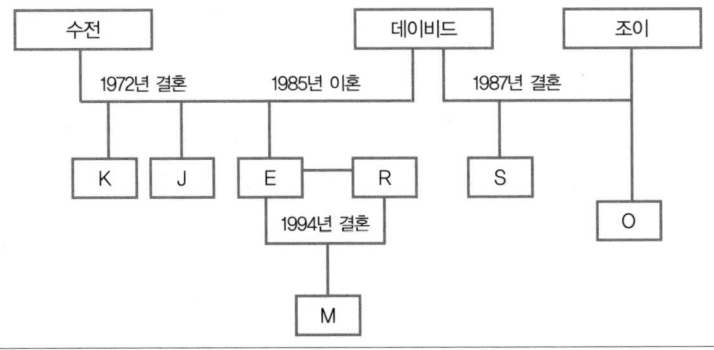

가난이 대물림된 가족 도식

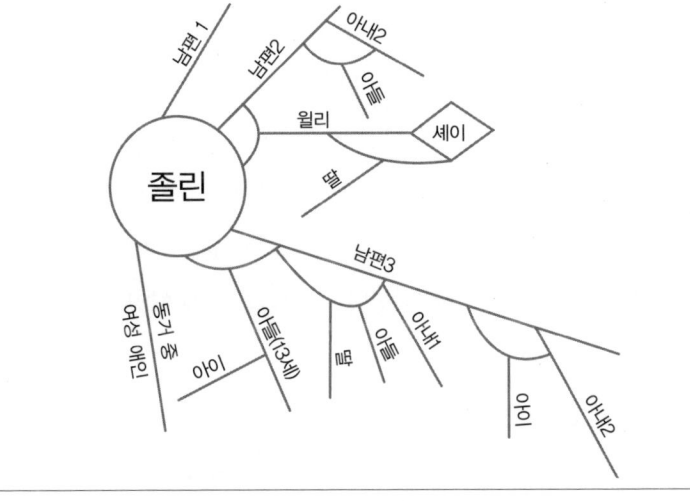

턴은 십대 초반에 사생아가 태어나는 경우다. 이 아기들은 할머니의 자식으로 양육될 때가 많다. 예를 들어, 맏딸이 열일곱 살에 아이를 낳으면 이 아기가 집안의 막내 자리를 차지하는 것이다. 실제로 아기의 어머니인 맏딸은 언니라고 불리고 둘은 언니, 동생으로 지낸다.

하지만 어머니(또는 외할머니)는 대체로 생물학적 자녀를 계속 기른다. 빈곤층에서는 폭력이 일상사이기 때문에 가족사에서 죽음이 눈에 많이 띄는 편이다. 하지만 그것도 남은 식구들에게 삶의 일부가 된다. 죽은 사람들이 남은 식구들의 기억에서 중요한 역할을 맡기 때문이다. 가족 패턴을 다룰 때는 누가 살아 있고 누가 죽었는지 잘 살펴야 한다. 대화에서는 흔히, 죽은 사람도 여전히 살아 있는 것처럼 언급되기 때문이다(청자가 이를 알기 전에는 헷갈릴 소지가 있다).

학교 교사들에게 이런 이야기를 전달할 때 화자는 토막토막 무작위로, 게다가 일상적 사용역으로 말할 때가 많다. 일상적 이야기 구조에서 보통 핵심 인물을 따로 설명하지 않으므로, 화자는 그들을 소개하지도 않고 이야기를 끌어나간다. 이런 이야기를 이해하는 데 가장 중요한 열쇠는 바로 생략된 부분일 때가 많다. 예를 들어 누군가 "그가 떠났다"라고만 말해도, 듣는 이는 그가 문제에 처했을 때 누구에게 가서 머무를지 예측할 수 있다. 어머니와 문제가 있는 경우라면 전처나 여자친구 집에 찾아갈 것이고, 현재 아내와 문제가 있다면 어머니 집으로 갈 것이다. 여자들은 주로 여동생이나 언니네 집으로 가고, 때로는 어머니 집으로 가기도 한다. 또 어머니나 전처가 언급되지 않는다 하더라도, 그 집안이 대물림되는 가난에 처한 상태라면 그들이 핵심 인물이라고 확신해도 좋다. 남자들이 집에 들락날락한다는 것 역시 확신해도 좋다. 때로는 곁에 있고 때로는 없지만 예측하기 어렵다. 이뿐만 아니라 남자가 일시적으로 또는 장기간 다른 곳에 살 경우 충성도 역시 바뀔 것이라는 점을 알 수 있다.

게다가 가난이 대물림되는 가족에서는 식구들끼리 뒤얽혀 다투기 일쑤다. 충성도가 하룻밤 새에 뒤집히고, 편애를 밥먹듯 한다. 아이가 방과 후에 누구와 함께 지내는지, 문제가 생기면 누가 누구와 함께 지내는지, 학교 문제를 누가 처리할지, 등의 문제는 그 순간의 동맹 관계에 따라 달라진다. 예를 들어, 네드가 취한 채로 집에 와서 아내 수전을 때렸다고 하자. 수전은 경찰에 전화하고는 세 아이를 데리고 어머니 집으로 달아난다. 네드는 자기 어머니 집으로 간다. 자기를 감방에서 꺼내줄 사람이 어머니이기 때문이다. 네드 어머니는 며느리인 수전이 경찰에 전화해 아들을 감방에 넣었기 때문에 수전과 대화하지 않는다. 하지만 방과 후에 수전이 집에 올 때까지 아이들을 돌봐주는 사람은 다름 아닌 네드의 어머니다. 월요일인데 수전은 아이들을 보낼 곳이 없어서 아이들더러 외할머니 댁에 가 있으라고 한다. 화요일이 되자, 아이들은 또다시 외할머니 댁으로 간다. 하지만 수요일이 되자 네드의 어머니가 수전에게 전화해서, 망할 네드가 전날 밤 잔뜩 취해서 들어왔기에 자기가 집에서 내쫓았다고 말한다. 그렇게 수전과 네드 어머니가 다시 친구가 되니, 이제 네드만 곤란해진다. 그래서 네드는 전처인 재키의 집으로 간다. 지난주 재키는 현재 애인인 제리한테 질려버린 상태여서 네드가 온다고 하니 무척 반가워했기 때문이다…. 이런 식으로 이야기가 이어진다.

이 이야기에서 핵심 인물은 연인 · 전사, 보호자 · 구원자, 노동자, 이야기꾼, '영혼의 파수꾼'(다시 말해서 보속과 용서를 베푸는 사람)이다.

가난이 대물림되는 가정의 가족 패턴은 중산층의 가족 패턴과 다르다. 빈곤층에서는 각자의 역할, 복잡한 인간관계, 남성들의 정체성, 한 곳에 충성하지 못하는 성향, 편애, 어머니 중심 구조 등등 때문에 중산층과 다른 패턴이 나타난다.

빈곤층의 뚜렷한 경제적 특징으로는 생존하기 위한 끝없는 투쟁, 실직과 부적절한 고용, 저임금, 다양한 미숙련 취업 사례, 아동 노동, 저축 부재, 만성적 현금 부족, 예비 식량 부족, 하루에 수차례 식료품 구매하기, 개인 물품 저당 잡히기, 고리로 사채 빌리기, 동네 사람들이 만든 신용 조합(일종의 '계'), 헌옷과 중고 가구 사용이 있다.

-오스카 루이스 Oscar Lewis, 《네 기수》

빈곤층 성인과 아동의 모습

당신이 자주 교류하는 학생 또는 성인을 묘사하는 문구에 표시☑ 하라.

- ☐ 화가 나서 일자리를 박차고 나온다. 직장 상사 또는 교사가 마음에 들지 않으면 그만둔다. 중요한 것은 장기적인 관점이 아니라 현재의 감정이다.
- ☐ 사람이 마음에 들면 열심히 일한다.
- ☐ 갈등 해결 기술을 사용하지 않고 언어적·물리적 공격을 가한다.

☐ 생존 언어를 구사하여 일상적 사용역에서도 벗어나는 경향을 보인다.

☐ 화가 나면 감정을 자제하지 않고 생각나는 그대로 말해 버린다.

☐ 하고 싶은 말은 다 하고, 유머를 즐기며, 사람들을 웃기고, 다른 사람들에 관해 다양한 이야기를 알고 있다.

☐ 매우 독립적이다. '부모의' 목소리를 좋게 받아들이지 않는다. 이 사람의 협력을 최대한 끌어내고 싶으면 상사는 '어른의' 목소리를 내야 한다(부모의 목소리와 어른의 목소리에 관해서는 뒤에 다시 나온다―옮긴이).

☐ 가정 내 긴급 문제 때문에 주기적으로 결근, 결석 또는 지각한다.

☐ 동료, 상사, 교사가 감정적으로 따뜻하게 대해줘야 편안하게 느낀다.

☐ 관리자에게 일정 수준의 정직을 요구하고, 조직과 조직을 대표하는 사람들을 적극적으로 불신한다. 조직이란 기본적으로 부정하다고 생각한다.

☐ 자기가 정말 좋아하는 사람들을 소유하려고 든다.

☐ 자신의 독특한 개성을 유지하기 위해 남들보다 '공간'이 더 많이 필요하다(다시 말해, 그들의 독특한 행동을 사람늘이 더 많이 이해하고 용인해 줘야 한다는 뜻―옮긴이).

☐ 특정인을 편애하고 그들에게만 특혜를 준다.

그리고…

- 남자는 남자끼리, 여자는 여자끼리 어울린다. 남자는 사교 창구가 두 개 있다. 하나는 술집, 하나는 일터다. 아이가 있는 여자는 보통 집에 있고, 친구라고는 다른 여자 친척들뿐이다. 물론 밖에서 일한다면 사정은 다르다. 남자는 다른 상황에서는 대개 외톨이로 지내므로 그런 사교 자리를 피한다. 남녀가 같이 있을 때는 주로 두 사람이 친밀한 관계라는 뜻이다.
- 진정한 남자는 남자답게 잘생기고, 사랑할 줄 알고, 싸울 수 있고, 열심히 일하며, 허튼소리를 하지 않는다.
- 진정한 여자는 자기 남자를 먹이고 그의 단점을 감추어 그를 보살핀다.

> 주 : 대물림되는 빈곤에 처한 경우, 진정한 남자의 일차적 역할은 신체적으로 열심히 일하고, 전사이자 연인이 되는 것이다. 한편 중산층에서 진정한 남자란 무언가를 제공하는 사람이다. 어떤 남성이 전사이자 연인으로서의 정체성을 받아들일 때 어째서 안정된 삶을 영위할 수 없는지, 생각해 보면 이해할 수 있을 것이다. 즉 이런 남자는 삶에 대처하는 세 가지 방식, 예컨대 도망치기, 순응하기, 싸우기 가운데 싸우기와 도망치기만 선택할 수 있다. 따라서 스트레스가 심해지면 다짜고짜 싸우고, 가까운 사람과 법 앞에서 자취를 감추고 집을 나간다. 그러다가 열이 식으면 돌아오는데, 처음에는 환영받지만 얼마 후 또다시 다툼이 생긴다. 결국 이런 순환이 반복된다.

학교 생활과 대물림되는 가난

당신이 자주 교류하는 학생을 묘사하는 항목에 표시 ☑하라.

- ☐ 매우 어수선하고, 문서를 자주 잃어버리며, 부모의 확인을 받아와야 할 문서에 서명을 받아오지 않거나 한다.
- ☐ 수업 시간에 준비물을 가져오지 않거나 서류가 사라지거나 하는 따위의 일에 이유를 많이 댄다.
- ☐ 숙제를 하지 않는다.
- ☐ 폭력을 자주 쓴다.
- ☐ 웃기기를 좋아한다.
- ☐ 종이에 써 있는 내용의 일부만 본다.
- ☐ 과제를 일부만 한다.
- ☐ 시작을 못하는 듯하다(절차적 혼잣말 결여).[4]
- ☐ 자기 행동을 관찰하지 못한다.
- ☐ 훈육받을 때 웃는다.
- ☐ 교사를 좋아하면 수업을 듣고, 싫어하면 듣지 않는다.
- ☐ 일상적 이야기 구조에 따라 이야기한다.
- ☐ 중산층의 예절을 모르거나 거기에 따르지 않는다.

---

[4] No procedural self-talk를 옮긴 말인데, 마음 속으로 어떤 일을 어떻게 시작해서 어떤 절차를 밟아서 마무리할지 생각할 줄 모른다는 뜻이다. 어디에서부터 시작해야 할지 모르기 때문에 일을 시작하지 못한다는 이야기다―옮긴이.

☐ 권위를 싫어한다.
☐ 말대답하고 중간에 심하게 끼어든다.

대물림되는 가난의 문화

교사들이 학교를 이끌어나가기가 과거보다 점점 더 힘들어지는 한 가지 원인은, 중산층 문화를 따르는 학생이 점점 줄어들고 빈곤층 문화를 따르는 학생이 늘어난다는 점이다. 인구학적 변화가 으레 그렇듯, 현존하는 규칙이나 정책은 결국 최대 다수의 집단에 맞도록 바뀌게 마련이다.

이런 학생들을 더 잘 도와주기 위해 다음 몇 장에 걸쳐 여러 가지 아이디어를 제시하겠다. 하지만 그 전에 관계와 성취에 관련된 전통적 개념들을 재고해야 한다.

> 빈곤의 문화에는 지역 격차, 도시-외곽 격차, 국가 간 격차를 뛰어넘는 공통된 특징이 몇 가지 있다. …런던, 글래스고, 파리, 할렘, 멕시코시티의 빈곤층 지역을 살펴보면 가족 구조, 대인 관계, 시간 관념, 가치관, 소비 패턴, 공동체 의식에서 상당한 유사점이 발견된다.
>
> -오스카 루이스, 《네 기수》

> **WHAT DOES THIS INFORMATION MEAN IN THE SCHOOL OR WORK SETTING?**
> ## 학교와 기업, 그리고 지식의 활용
>
> - 대물림되는 가난에서 벗어나고 그렇게 벗어난 상태를 유지하는 열쇠는 '교육'이다. 개개인이 가난에서 벗어나게 되는 동기는 다음 네 가지 중 하나다. 첫째, 뭔가 가지고 싶거나 되고 싶은 목표 또는 비전, 둘째 너무 고통스러워서 벗어나야만 하는 상황, 셋째 '후원' 해 주는 사람(교육자든 배우자든 조언자든 역할 모델이든 간에, 빈곤층에게 새로운 길을 제시하거나 다르게 살 수 있다고 이해시키는 사람), 넷째로 구체적인 재능이나 능력.
> - 어떤 사람이 지능이나 능력이 부족하기 때문에 빈곤층으로 남아 있는 경우는 많지 않다.
> - 사람들이 빈곤층에 머무르는 까닭은 자신에게 선택 가능성이 있다는 점을 모르기 때문이다. 아니면 선택 가능성이 있다는 점은 아는데, 다른 계층의 불문율을 가르쳐주거나 자원을 제공해 줄 사람이 없기 때문이다.
> - 아이들이 다양한 선택안과 중산층의 규칙을 배울 수 있는, 사실상 유일한 장소가 바로 학교다.

CHAPTER 5

역할 모델과 정서적 자원

한마디로 말해 기능 장애가 있는 환경에서 살아가는 사람은 이른 나이에 어른의 역할을 떠맡을 때가 많고, 실제로 성인이 되고 나면 문자 그대로 자립과 의존 사이를 왔다갔다 한다. 그래서 강렬한 자립심과 심각한 의존성이 결합되어 정서적 자원이 거의 바닥나는 지경까지 약해져 버리고 만다. 이렇게 자립과 의존 사이를 롤러코스터 타듯 오르락내리락하면 막대한 희생을 겪게 된다.

A Framework *for* Understanding Poverty

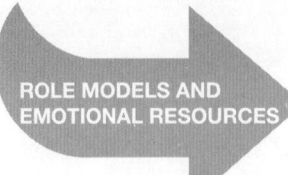

ROLE MODELS AND
EMOTIONAL RESOURCES

역할 모델의 영향, 그리고 역할 모델이 정서적 자원 발달에 미치는 영향의 중요성을 이해하려면 기능functional 시스템과 기능 장애 dysfunctional 시스템 개념을 간단히 훑어봐야 한다. 이 책에서는 다음과 같은 정의를 사용한다.

- 시스템이란 각 개인이 규칙과 역할을 갖고 있고 서로 관계를 맺은 집단이다.
- 기능 장애란 한 개인이 어떤 시스템 내에서 필요를 충족시킬 수 없는 상황이다.

시스템은 모두 어느 정도는 기능 장애적이다. 시스템은 그 안에 존재하는 개인에 따라 원활히 기능하기도 하고 기능 장애를 겪기도 한다. 기능 장애 정도는 한 개인이 타인의 필요를 충족시키기 위해 자신의 필요를 얼마나 포기해야 하는지에 따라 달라진다.

마이클 더몬트Michael Dumont(1994년)는 엘리라는 소녀의 사례를 연구했다.

엘리의 사례

엘리의 엄마 빅토리아는 다발성 경화증으로 몸져 누웠고, 아버지 래리는 작은 가게를 운영한다. 빅토리아는 자신의 처지를 비관하고 남편을 불신하여, 엘리가 아홉 살이었을 때 자살을 시도했다. 그 후로 엘리는 날마다 하교하면 집에 와서 엄마가 약을 다 먹어버리지나 않았는지 확인하고, 엄마가 살아 있는지 점검한다. 엘리는 방과 후 집에 돌아와서 엄마가 괜찮은지 확인할 때가 가장 비참하다고 더몬트에게 말했다. 더몬트가 엘리에게 "참 똑똑하다"고 칭찬하면서 "엘리는 이담에 커서 뭐가 되고 싶니?"라고 묻자, "멋진 비서가 되고 싶다"는 장래 꿈을 당차게 말했다. 그러나 엘리는 열일곱 살에 임신하게 되어 자퇴한다.

엘리는 기능 장애에 처해 있다. 엄마의 필요 때문에 자신의 필요를 억눌러야 하기 때문이다. 정서적으로 적절한 발달 과정을 밟으려면, 우선 어린아이가 되고 다음에 청소년이 되고 그런 뒤에 어른이 되어야 한다. 그러나 엘리는 이른 나이에 어른의 역할을 떠맡아야 했기에, 정서적 발달을 사실상 멈춰야 한다. 따라서 어린시절에 충족하지 못한 정서적 욕구를 채우려고 남은 생애 동안 애쓰게 된다. 엘리는 자립적인 어른으로서 기능하는 데 필요한 기구력과 정서적 자원이 분명 부족할 것이다.

> 의존
> 자립
> 상호의존

온전히 기능하는 성인이 되려면, 의존하는 상태에서 자립하는 상태로 갔다가, 다시 상호 의존하는 상태로 발달해 나가야 한다. 스티븐 코비Stephen Covey(1989년)는 이것을 성숙의 연속성maturity continuum이라고 정의했고, 존 브래드셔John Bradshaw(1988년)는 이를 '온전해진다becoming whole'라고 표현했다. 용어야 어찌 되었든, 이것은 기본적으로 타인에게 의존하는 상태에서 다른 성인과 협력할 수 있는 상태로 나아간다는 뜻이다. 서로 자립한 상태이지만 동등한 동료로서 말이다.

한마디로 말해 기능 장애가 있는 환경에서 살아가는 사람은 이른 나이에 어른의 역할을 떠맡을 때가 많고, 실제로 성인이 되고 나면 문자 그대로 자립과 의존 사이를 왔다갔다 한다. 그래서 강렬한 자립심과 심각한 의존성이 결합되어 정서적 자원이 거의 바닥나는 지경까지 약해져 버리고 만다. 이렇게 자립과 의존 사이를 롤러코스터 타듯 오르락내리락하면 막대한 희생을 겪게 된다. 브래드셔를 비롯한 사람들은 이렇게 자립과 의존 사이를 끊임없이 반복하는 양상을 가리켜 '공의존co-dependency'이라고 정의한다.

엘리의 사례 연구에서 나타나듯, 정서적 자원은 어린아이 곁에 있는 역할 모델이 일정 부분 충당해 준다. 적절한 역할 모델이 있으면 아이는 적절한 시기에 발달 단계를 밟으며 정서적 자원을 축적한다. 특정 상황에서 어른이 어떻게 정서적으로 반응하는지 관찰하고, 그 반응과 맞물리는 행동들에 주목하면서 말이다. 엘리의 사례에서, 아빠가 배신하자 엄마가 보인 반응은 더 많이 의존하고 죄책감이라는 책략으로 엘리를 조종하는 것이었다. 그렇다면 엘리가 나이 들면 어떻게 행동하게 되겠는가? 엘리 역시 타인에게 의존하게 된다(임신을 하고, 복지 기금에 기대는 방식으로).

물론 역할 모델의 반응을 아이가 부적절하다고 판단할 가능성도 있다. 이럴 때 보통 아이는 역할 모델과 정반대 행동을 선택한다. 이렇든 저렇든 간에, 이런 아이는 무엇이 '정상'인지 모르면서 성장한다. 어른의 적절한 반응을 관찰할 기회가 거의 없기 때문이다. 따라서 이런 아이는 '정상' 적이거나 적절한 것이 무엇인지 스스로 짐작할 수밖에 없다.

- **질문**: 정서적 자원이 학교나 직장에서 그토록 중요한 까닭은 무엇인가?
- **대답**: 정서적 자원은 행동의 토대이고 결국 성취를 결정하기 때문이다.

게다가 빈곤층에서 중산층으로 또는 중산층에서 부유층으로 계층 이동을 하려면, 적어도 일정 기간은 몇몇 관계와 성취를 맞바꿔야 한다. 이렇게 하려면 정서적 자원과 지구력이 필요하다.

'감정 은행emotional memory bank'이란 마음에 기억되어 있는 감정 중에 습관적으로 느끼는 '익숙한' (그래서 편안한) 감정이다. 성취를 위해 어떤 관계를 버려야 할 때, 감정 은행을 잠시 닫아두고 다시 '편안해질' 때까지 기다려야 한다. 이 과정은 때때로 몇 년씩 걸린다. 감정 은행을 닫은 채로 유지하게 해주는 원동력은 대개 다음 네 가지 중 하나다. ❶ 현재 상황이 너무나 고통스러워서 더 이상 버틸 수 없다. ❷ 매력적인 비전이나 목표가 추진력이 된다. ❸ 재능이나 기술 덕분에 새로운 환경을 만나게 된다. ❹ 배우자나 조언자의 도움으로 정서적 안정을 찾아서, 새로운 기술과 지식을 배울 수 있게 된다.

정서적 자원과 지구력이 있으면, 감정 은행에 있는 감정과 다른 감정을 느끼면서도 버틸 수 있다. 이렇게 되면 선택 사항을 찾아보고 다른 가능성을 검토해 볼 기회를 활용할 수 있다. 사례 연구에서 드러나듯, 엘리는 감정 은행을 그대로 둔 채 '익숙한 감정'에 빠지게 되는 상황(임신)을 스스로 불러일으켰다.

역할 모델이 없을 때 정서적 자원을 제공하는 방법

01 지원 시스템으로

02 적절한 교육 전략과 접근 방법으로

03 아이가 적절한 어른과 장기적인 관계를 형성하게 해주어서(도제나 제자가 되게)

04 아이에게 불문율을 가르쳐서

05 아이에게 선택 사항을 알려줘서

06 적절한 지도로 아이의 성취 수준을 높여서

07 아이에게 목표 설정하는 방법을 알려줘서

WHAT DOES THIS INFORMATION MEAN IN THE SCHOOL OR WORK SETTING?
학교와 기업, 그리고 지식의 활용

- 학교는 일정과 교과 과정 등을 조정하여 학생들이 2년 이상 같은 교사들과 공부할 수 있도록 해야 한다. 물론 그러려면 양쪽이 모두 동의해야 한다.
- 교직원은 과거에 비해 역할 모델로서의 비중이 훨씬 높아졌다.
- 정서적 자원 발달은 학생이 성공하는 데 필요한 열쇠다. 학교에서 가장 풍부하게 제공할 수 있는 자원은 교직원들이 제공하는 역할 모델이다.

CHAPTER 6

지원 시스템

지원 시스템의 핵심은 다음과 같다. 아이가 숙제할 때, 수학 과제물을 도와줄 수 있을 만큼 잘 아는 사람이 누구인가? 누가 조사 과정을 잘 알고 있는가? 누가 대학 입학 또는 자동차 구입 대출 요령을 잘 아는가? 법정이나 학교의 체계를 잘 이해하는 사람은 누구인가? 정보와 노하우는 성공의 열쇠다.

A Framework *for* Understanding Poverty

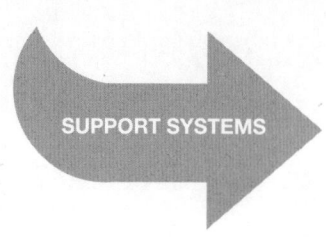

SUPPORT SYSTEMS

지원 시스템은 필요할 때 곁에 있어줄 친구나 가족 또는 필요할 때 쓸 수 있는 자원을 뜻한다. 이것은 보통 일곱 가지 범주로 나뉜다.

1 **대응 전략**

대응 전략은 실망스러운 일, 비극적인 일, 성공적인 일 등의 일상사를 헤쳐나가는 방식이다. 이것은 사물, 태도, 혼잣말, 갈등 해결 전략, 문제 해결 기법, 불필요한 갈등 회피에 관해 사고하는 방법을 뜻한다. 그리고 과제를 수행하고, 우선 순위를 정하고, 견딜 수 있는 것과 견딜 수 없는 것을 결정하는 방식이기도 하다.

2 **문제 해결 방안**

방안이란 문제를 해결하기 위한 방법들을 뜻한다. 매우 능력 있는 성인조차 자신이 미처 고려하지 못한 다른 대안이 없는지 확인하려고 다른 어른들과 대화할 때가 많다.

3 정보와 노하우

이것이 지원 시스템의 핵심이다. 아이가 숙제할 때, 수학 과제를 도와줄 수 있을 만큼 잘 아는 사람이 누가 있는가? 누가 조사 과정을 알고 있는가? 누가 대학 입학 또는 자동차 구입 대출 요령을 잘 아는가? 보험사에 잘 이야기해 상황을 무마할 수 있는 사람은? 어려운 상황에서 교사와 잘 협상하여 해결책을 제시할 수 있는 사람은? 법정이나 학교 체계를 잘 이해하는 사람은? 정보와 노하우는 성공의 열쇠다.

4 정서적·정신적·재정적·시간적 제약에서 일시적으로 벗어나기

당신이 속상할 때 마음을 달래주는 사람은 누구인가? 수많은 일을 어떻게 끝내야 할지 모를 때 당신을 도와주는 사람은? 휴식이 절실히 필요할 때 아이들을 돌봐줄 사람은? 이들 모두 지원 시스템의 일부다.

5 다른 사람 또는 다른 자원과 연결하기

정보도 없고 노하우도 없을 때, 당신이 도와달라고 요청하는 사람은 누구인가? 그 사람들이 당신의 인맥이다. 자원과 인맥은 건전한 지원 시스템의 핵심이다.

6 긍정적 혼잣말

누구에게나 쉬지 않고 마음 속에서 말을 거는 작은 목소리가 있다. 이 작은 목소리는 우리를 격려하기도 하고 우리가 과제를 끝내고, 프로젝트를 완수하고, 힘겨운 상황을 헤치고 나아가게 도와주기도 한다. 이 작은 목소리에 귀 기울이지 않으면 성공 확률은 훨씬 낮아진다.

7 절차적 혼잣말

절차적 혼잣말procedural self-talk은 어떤 일을 끝까지 해내도록 돕는 목소리로서, 성공의 열쇠 가운데 하나다. 빈곤층 사람들은 지원 시스템도 심각하게 부족하지만, 특히 부족한 것이 바로 절차적 혼잣말이다. 그러다 보니 마무리하지 못하는 일이 수두룩하다. 학생들과 상담해 본 여러 교사나 기타 교직원들에 따르면, 어떤 학생들은 애초에 이런 혼잣말 자체를 하지 않는다.

라키사의 사례

당신은 휴스턴 도심부의 고등학교에서 사회 과목을 가르치는 교사다. 학생 중에 열다섯 살 된 라키사라는 아이가 있는데 그 아이가 교실에서 너무나 불손하게 굴어서, 당신은 그 아이에게 어머니와 면담할 테니 그 전에는 수업에 들어오지 말라고 지시했다. 라키사는 어머니와 통화하고 나서, 어머니가 이튿날 오전 7시 30분에 만나러 올 것이라고 했다. 당신은 다음날 7시 15분 학교에 도착해 기다렸으나 라키사의 어머니는 나타나지 않았다.

이튿날 수업 시작 전에 라키사가 당신을 기다리며 울고 있다. 자기 행동이 나빴다며 여러 번 사과하더니 이런 이야기를 들려준다. 라키사 어머니는 직장이 두 군데인데, 라키사 자신도 돈을 벌기 위해 오후 5~9시까지 버거킹에서 일한다. 그런데 어제 어머니가 당신을 만나러 학교에 가던 중 차량 검사 필증의 만기가 지난 상태여서 경찰의 불심 검문에 붙잡혔다. 더욱이 운전 면허증도 없어서 구치소에 구류되었다. 어머니는 아직도 그곳에 있고, 라키사 혼자 동생들과 지내야 한다.

라키사는 당신에게 수업을 듣게 해달라고, 그리고 엄마를 그곳에서 꺼내달라고 요청한다.

라키사를 돕기 위해 활용할 수 있는 지원 시스템

다음에 소개하는 내용은 몇몇 학교에서 학생들을 돕는 데 사용하는 지원 시스템 목록이다.

학교에서 이용하는 지원 시스템

01 **학교 차원의 과제 지원**: 텍사스의 매우 성공적인 한 중학교에서는 하루 일과의 마지막 45분을 숙제 지원에 할애한다. 숙제를 하지 않은 학생은 카페테리아로 가서 개인 교사의 도움을 받아 숙제를 하고, 숙제를 끝낼 때까지 반드시 그곳에 있어야 한다. 학교는 늦게 하교하는 학생들을 위해 버스를 준비해 둔다. 빈

곤층 학생 가운데는 숙제를 도와줄 어른이 곁에 없는 경우가 많다. 따라서 학교가 이러한 문제의 해결 방법을 일과의 일부로서 편입한 것이다. 또 어떤 학교에서는 학생들에게 교과서를 두 권씩 나누어주었다. 하나는 집에서 쓰고 하나는 학교에서 쓰도록 말이다. 이 학교에는 사물함이 없기 때문이다. 이 같은 방법으로 학교는 몇 가지 문제를 해결하고 학생들을 지원해 주었다.

02 **학교 차원의 읽기 보조 프로그램** : 여러 학교에서 독서 강화 프로그램Accelerated Reader Program이라는 개념을 받아들였는데, 이것은 학생들이 읽은 책에 관해 시험을 출제하는 '컴퓨터 기반 관리 프로그램'이다. 이 프로그램에 참여하는 학생들은, 부모가 지식이 없거나 돈이 없다는 이유로 다른 학생들보다 불리해지지 않기 때문에 더 많은 책을 읽으려고 노력하게 된다.

03 **학생들이 2~3년 동안 같은 교사들과 공부하게 하거나 학교 내 학교 운영하기** : 학생과 교사 사이에 장기적 관계를 형성하기 위한 방침이다. 이렇게 하면 교사가 학기 초에 학생이나 학부모와 처음부터 관계를 다시 형성하느라 시간을 허비하지 않아도 된다.

04 **대응 전략 가르치기** : 여러 가지 방식으로 할 수 있는데, 하나는 학생에게 도움이 필요할 때마다 문제를 하나씩 해결하는 방법이다. 상담자나 교장 또는 교사와 몇몇 학생이 점심시간에 모여 다양한 방면에서 대응 전략을 함께 공부하는 학교가 여러 곳 있다. 이와 같은 지속적 지원 방식은 학생들이 문제를 토론

하고 해결하기 위한 방안을 논의하는 데 좋다. 예를 들어 한 초등학교에서는 6학년 학생을 모두 여덟 개 집단으로 나누었다. 그런 뒤 교직원들이 이 학생들과 4주간 1주에 한 번씩 점심시간에 만나 학생들이 중학교에 진학하면 마주치게 될 문제들을 의논했다. 어떤 학교는 과격한 학생들끼리 만나는 모임이 있는데, 모임의 주요 토론 주제는 학교에서 폭력을 줄이는 방법이다. 자문단 역시 지원 문제를 다루기 위한 방편이다.

05 학교 차원의 일과 짜기 : 학생들을 읽기와 수학 등 각자에게 필요한 공부에 따라 나누는 것도 방법이다. 이렇게 혼성으로 아이들을 나눌 때 한 가지 걱정거리는 각 학생들에게 필요한 것이 달라 내용이 방대해져서 한 교사가 모든 것을 처리하기 어렵다는 점이다. 한 초등학교에서는 수학 수업 때 1학년부터 3학년까지 모으고, 4학년부터 6학년까지 모았다. 그런 뒤에 수업 시작 전에 시험을 치러 적절한 수업 내용에 맞는 그룹으로 옮겨가게 했다. 2년이 채 지나기 전에 그 학교 학생들의 수학 성적은 비약적으로 향상되었다.

06 비디오로 학부모 교육하기 : 이것은 특히 빈곤층에 효과적이다. 빈곤층에 나타나는 한 가지 패턴은 너나 할 것 없이 집에 비디오 재생기가 있다는 점이다. 그만큼 오락을 중시하기 때문이다. 일리노이 주에 있는 한 학교는 학부모의 95%가 복지 자금을 받는데, 교장이 비디오를 활용해 매우 성공적인 학부모 교육 프로그램을 도입했다. 각 교사는 15분 길이의 비디오테이프를

제작한다. 15분간 자신을 소개하고, 학생들에게 1년 동안 가르칠 내용을 정리해 주고, 학급에서 해야 할 행동을 알려주며, 학부모에게 학교를 방문하거나 전화하라고 장려하는 것이다. 각 비디오는 다섯 편씩 복사해서 학기 시작 후 한 달 동안 각 학생에게 나눠주어 집에서 부모와 함께 보게 한다. 이 프로그램은 몇 가지 이유로 매우 성공적이었다. ❶문맹인 사람도 이해할 수 있다. ❷교사의 움직임이 눈에 보이고 아이가 어떤 교사와 함께 공부하게 될지 느낄 수 있다. ❸교통 수단 없이도 교사와 학부모가 접하는 기회가 된다. ❹학기 초에 종종 일어나는 소통상의 오해를 방지한다. 이것은 비용도 적게 들고, 교칙이나 적절한 교육 방법 등에 대해 따로 비디오를 제작하여 학부모에게 보내줄 수도 있어 편리하다.

07 **학교에서 살아남는 기술을 직접적으로 가르치기**: 연구 조사에 따르면 이 방법도 효과적이었다. 학교 내 생존 기술에는 무엇이 있을까? 상당수는 학업 능력과 관련되지만 제8장에서 다루게 될 인지 전략도 여기에 해당된다. 이런 인지 전략에는 자리에 앉아 있는 방법, 적절하게 참여하는 방법, 물건을 놓는 장소 등 단순한 불문율도 해당된다.

08 **일일 목표 설정과 절차적 혼잣말**: 이것은 상당수 학생들이 눈 깜짝할 사이에 발전하는 데 도움이 된다. 초기에 목표 설정은 학생이 그날 또는 그 주에 하고 싶은 것이 무엇인지에 초점을 맞춘다. 목표는 글로 써둔다. 하루가 끝나면 5분간 학급 전체와 함

께 목표를 달성했는지 점검한다. 절차적 혼잣말도 처음에는 글로 쓴다. 학생들 대다수에게 도움이 필요할 것이다. 이것은 구체적인 과제가 있을 때에만 유용한데, 과제마다 그 절차가 달라진다.

09 **교사팀 개입** : 한 학생을 담당하는 교사들 모두가 학부모와 만나서 그 학생이 더 잘 해낼 수 있도록 돕는 계획을 짜는 방식이다. 이것은 부모와 함께 아이의 학업에 개입하는 것이 긍정적이고 유용할 때만 효과적이다.

사례 연구 정리

라키사가 안고 있는 문제 가운데 하나는 시간이다. 라키사는 짬이 나지 않는다. 이럴 때는 교사가 라키사에게 스스로 일정을 고려하여 언제 숙제를 마칠 수 있겠는지 생각해 보라고 조언하는 방법도 괜찮다. 교사는 과제를 끝마치는 일정을 좀 더 유연하게 조절해 주고 아이에게 일어나는 다른 일들도 틈틈이 고려해야 한다. 또 라키사에게 자기 전화 번호나 교회 또는 사회 복지 단체 주소를 알려줘 정신적으로나 정서적으로, 재정적으로나 신체적으로 도움을 받게 해준다. 누군가 잠시 짬을 내어 라키사에게 어른의 목소리를 어떻게 사용하는지 알려주고, 그렇게 하면 권위 있는 사람들과 대화할 때나 동생들을 보살펴줄 때 유용하다는 점을 말해 줘야 한다. 더 중요하게는, 교사가 라키사의 상황을 받아들이고 이해해 줘야 한다.

WHAT DOES THIS INFORMATION MEAN IN THE SCHOOL OR WORK SETTING?

학교와 기업, 그리고 지식의 활용

- 수업 스케줄과 학교 일과를 재조정하고 사소한 것들을 변경하면, 추가 비용 없이도 학교에 지원 시스템을 만들 수 있다.

- 지원 시스템에는 절차적 혼잣말, 긍정적 혼잣말, 목표 설정, 대응 전략, 적절한 관계, 문제 해결 방안, 정보와 노하우 습득 방법, 기타 자원 습득 방법에 대한 교육이 포함되어야 한다.

CHAPTER 7

훈육

빈곤층에서는 생존 언어를 구사한다. 빈곤층은 한마디로 자원이 너무 부족해 그것을 어떻게 쓸지 논의할 여지가 없다. 예를 들어 사람이 다섯 있고 핫도그가 다섯 개 있다면 핫도그를 어떻게 나눠야 하느냐는 문제는 답이 뻔하다. 핫도그에 들어갈 양념도 제한되어 있을 것이므로 그것을 어떻게 나눠야 할지도 그다지 논의할 여지가 없다. 반면에 중산층에서는 핫도그를 몇 개나 만들(살) 것인지, 거기에 무엇을 넣을 것인지, 각 내용물을 얼마나 많이 넣을 것인지 등을 논의할 여지가 있다. 따라서 빈곤층에서는 선택 사항들을 파악하고 그 중 무엇을 선택할지 협상하는 능력이 잘 계발되지 않는다.

A Framework *for* Understanding Poverty

빈곤층에서 훈육은 변화보다는 보속과 용서와 연관된다. 빈곤층은 사랑에 조건을 달지 않고 현재를 중시하기 때문에, 훈육할 때 뭔가 가르침을 주거나 행동을 바꾸어야 한다고 생각하지 못한다. 대물림된 가난에 빠진, 어머니가 중심이 되는 가정에서는 어머니가 최고의 권력자인 한편 '영혼의 파수꾼'이기도 하다. 따라서 어머니가 잘못을 심판하고, 참회의 방식을 결정하며, 용서를 베푼다. 용서하고 난 뒤에는 과거와 똑같은 양상이 되풀이된다.

여기에 소개하는 훈육 방법은 아이에게 기존의 행동 양식과 다른, 새로운 행동 양식을 가르치기 위한 것이라는 점을 명심하자. 빈곤층 학생들의 몸에 밴 행동 양식도 학교 밖에서는 필요한 것일지 모른다. 컴퓨터로 게임할 때 게임의 여러 가지 규칙을 배우듯이, 학교에서 잘 생활해 나가려면 특정한 규칙을 숙지해야 한다.

빈곤층 학생들이 몸으로 싸우는 방법을 모른다면 거리에서 위험에 처하게 될 것이다. 하지만 오직 폭력으로만 문제를 해결하려고 든다면 학교에서 잘 해내기란 어려운 일이다.

빈곤층 문화는 중산층에서 성공하는 데 부적합하다. 중산층에서는 행동을 일정 수준 이상 제어할 수 있어야 하기 때문이다. 직장이나 학교에서 성공하려면 자제력 있게 행동해야 한다. 그렇다면 학생들에게 적절한 행동을 가르치기 위해 학교가 해야 할 일은 무엇인가?

구조와 선택

학생들이 자주적으로 행동하도록 유도하는 효과적인 훈육 프로그램의 두 가지 요소는 구조와 선택이다. 훈육 프로그램에는 학생들이 따라야 할 행동 방식을 명확히 규정하고, 그에 따르지 않을 때 일어날 결과를 명시해야 한다. 또 각자가 그 행동을 따를지 따르지 않을지 언제든 선택

할 수 있다는 점도 강조해야 한다. 그리고 학생들이 선택할 때마다 그에 상응하는 결과가 뒤따른다. 훈육 워크숍 가운데는 이런 방식을 적용한 것이 많고, 이것은 학교에서도 마찬가지다.

초점이 "언제 뭘 해야 할지 내가 알려주겠다"라는 식으로 된다면 학생들이 의존하게 되므로 자주적인 인간으로 성장할 수 없다.

행동 분석

우선 교사는 다음 질문에, 마음 속으로 하든 종이 위에 기록을 하든 답해 본다. 그러고 나면 학생을 가장 잘 도와줄 전략이 나온다.

> **행동 분석**
> 1. 아이가 성공하려면 어떤 행동 양식이 필요한가?
> 2. 그런 행동 양식을 개발하는 데 필요한 자원이 아이에게 있는가?
> 3. 학부모와 만나면 도움이 되겠는가?
>   필요한 자원을 학부모가 공급해 줄 수 있는가?
>   학교에서 지원해 줄 수 있는 자원은 무엇인가?
> 4. 행동을 어떻게 가르칠 것인가?
> 5. 아이가 선택할 수 있는 다른 행동은 무엇인가?
> 6. 아이가 성공적인 행동을 반복하도록 하는 데 도움이 되는 것은 무엇인가?

다음 표는 행동 설명과 그에 따른 개입 방안이다.

빈곤층과 연관된 행동	개입 방안
• 훈육 받을 때 웃는다 : 어머니 중심인 빈곤층에서 체면을 지키는 방식	• 이렇게 행동하는 이유를 이해하라. 학생에게 좀 더 적절한 행동 서너 가지를 말해 준다.
• 교사와 큰소리로 논쟁한다 : 빈곤층 문화는 끼여들기(참여)가 빈번하고, 권위를 불신한다. 시스템이란 근본적으로 부정하고 부당하다고 여긴다.	• 학생과 논쟁하지 않는다. 이 장 뒤에 나오는 질문지를 활용해 학생에게 질문에 답하게 한다. 학생들에게 타인을 존중하는 방법을 보여준다.
• 성난 반응 : 분노는 두려움에서 비롯된다. 무엇이 두려운지 물어본다. 혹시 창피할까봐?	• 어른의 목소리로 대응한다. 학생 마음이 가라앉으면 분노 외에 어떤 방식으로 대응할 수 있었을지 논의해 보자.
• 부적절하거나 저속한 말 : 일상적 언어에 의존하는 탓이다. 격식 있는 표현을 모를 가능성이 있다.	• 학생에게 같은 이야기를 다르게 전달할 표현을 찾아보라고 한다(또는 가르친다).

● 몸싸움 : 빈곤층에서 살아남는 데 필요하다. 오직 생존 언어만 알고 있다. 갈등 해결에 필요한 언어나 신념 체계가 없다. 싸우지 못하면 남자 또는 여자로서 부족하다 여긴다.	● 싸움은 학교에서 용납되지 않는다고 강조한다. 학생이 싸우지 않고도 학교에서 지낼 수 있는 방법을 검토한다. 문제를 학교 바깥에서 해결하는 것도 한 가지 방법이다.
● 다른 학생의 몸에 늘 손이 올라가 있다 : 빈곤층은 비언어적 정보와 촉각에 크게 의존한다.	● 학생에게 그림을 그리게 하거나 낙서를 하게 한다. 줄을 설 때는 뒷짐을 지게 한다. 아이 손이 항상 바쁘도록 대안을 제시해 준다.
● 지침을 따르지 못한다 : 빈곤층에서는 절차를 기억하는 관습이 없다. 순서와 절차는 사용하지도 않고 존중하지도 않는다.	● 게시판에 단계를 적어둔다. 종이 위쪽에 일을 끝내는 데 필요한 단계를 적게 한다. 절차적 혼잣말을 연습하게 한다.
● 극도로 어수선하다 : 계획을 하고 일정을 짜고 우선 순위를 정하는 기술이 부족하다. 빈곤층에서는 이것을 가르치지 않는다. 또 물건을 잘 정돈해 놓을 만한 공간이 없을지 모른다.	● 교실에서 색깔을 이용한 단순한 정돈 방법을 가르친다. 엄지부터 새끼손가락까지 각각의 손가락에 우선 순위를 정해주고, 하루 일과가 끝날 때 상기시켜 준다. 학생들이 스스로 정리 계획을 짜게 한다.
● 과제를 마무리하지 못한다 : 절차적 혼잣말을 하지 못하기 때문이다. 과제 전체를 보지 못한다.	● 과제의 각 부분을 모두 게시판에 써붙인다. 각 학생에게 한 부분이 끝날 때마다 표시하게 한다.
● 교사에게 불손하다 : 권위자와 시스템을 존중하는 마음이 부족하다. 존경할 만한 어른이 주변에 없을 가능성이 있다.	● 무례함은 선택이 아니라는 점을 말해 준다. 적절한 목소리 톤을 사용하는 방법과 단어를 선택하는 방법을 알려준다. 그런 식으로 학생에게 연습시킨다.
● 상대를 말이나 폭력으로 다치게 한다 : 아마 자신의 공간이나 거리를 확보하기 위한 방법인지 모른다. 습관적인 반응이 되었을 가능성도 있다. 가난한 상황에서는 부정적인 방식으로 문제를 다루기 쉽다.	● 과격함 역시 선택이 아니라고 알려준다. 학교에 어울리는 다른 선택이 뭐가 있을지 학생 스스로 생각해 보게 한다. 사용한 말 외에 달리 표현할 문구를 알려준다.
● 속이거나 훔친다 : 지원 시스템이 부족하고, 역할 모델이 열악하거나, 정서적 자원이 부족함을 뜻한다. 재정적으로 극심하게 궁핍하다는 신호일 가능성도 있다. 어릴 때 부모에게 교육을 별로 받지 못했다는 뜻도 된다.	● 우화(뒤에 예가 나옴)를 통해 부정 행위나 도둑질 배후에 있는 동기나 이유를 찾아본다. 그 동기나 이유를 논의한다. 그런 행동이 불법이고 학교에서 용납되지 않는다고 강조하자.
● 쉬지 않고 떠든다 : 빈곤층 사람들은 대화에 매우 잘 끼어든다.	● 1주일에 두 번 메모장에 하고 싶은 질문과 답변을 모두 기록하게 한다. 각 학생에게 한 번에 다섯 개씩 설명해 주겠다고 말한다. 수업에 학생이 참여할 만한 활동을 도입한다.

학생 참여

교사 또는 조직의 관리자도 철저히 분석해야 하지만 학생 자신도 적극적으로 분석해야 한다. 학생이 스스로 분석하도록 돕기 위해, 아래 질문지를 주고 작성하게 하자. 이 방법은 어리게는 1학년 학생에게도 적용해 본 것이다. 빈곤층 아이들은 3번 질문을 가장 어려워한다. 기본적으로 이 아이들은 자신이 선택한 것 외에 다른 대안이 있다는 점을 모른다. 학생과 함께 아래 질문지를 작성할 때는, 달리 선택할 만한 대안으로 무엇이 있었을지 토론해 봐야 한다. 학생들은 한 가지 방법밖에 모를 때가 많다. 다른 방식으로 어떻게 문제를 처리해야 할지 모르는 것이다. 예를 들어, 차문을 닫다가 손가락이 끼었다면, 울거나 욕하거나 차를 주먹으로 치거나 조용히 있거나 타이어를 발로 차거나 웃거나 의연하게 차 문을 열거나 투덜대거나 할 수 있다. 여러 가지 선택 사항이 있다는 뜻이다.

질문지

이름 : _____
1 무슨 일을 했는가? _____
2 언제 그렇게 했고, 무엇을 원했는가? _____
3 달리 어떻게 할 수 있었겠는가?
   ❶ _____
   ❷ _____
   ❸ _____
   ❹ _____
4 다음에는 어떻게 하겠는가? _____

협상 언어

빈곤층 학생들과 관련된 한 가지 커다란 문제는 이들 중 상당수가 스스로 부모 역할을 해야 한다는 사실이다. 이들은 자신뿐 아니라 다른 아이들, 즉 대개는 동생들을 돌보아야 한다. 심지어 집에 있는 어른을 거꾸로 돌보아야 할 때도 많다.

거의 누구에게나 자신의 행동을 이끌어가는 목소리가 셋 있다. 바로 아이의 목소리child voice, 어른의 목소리adult voice, 부모의 목소리parent voice다. 내가 관찰한 바에 따르면 어린 나이에 부모 역할을 떠맡은 아이들에게는 어른의 목소리가 없다. 아이의 목소리와 부모의 목소리는 있지만, 어른 목소리는 없는 것이다.

내면의 어른 목소리는 협상에 필요하다. 이것은 협상 언어의 토대이고, 위협적이지 않은 방식으로 사안들을 검토하는 데 유용하다.

교사는 대체로 학생에게 부모의 목소리로 말하는데, 특히 훈육할 때는 더욱 그렇다. 학생이 이미 부모로서 기능하는 경우 이것은 견디기 힘든 상황이다. 이런 경우에는 교사가 말을 내뱉자마자 상황이 악화된다. 교사들이 부모의 목소리로 빈곤층 학생들에게 이야기하려는 까닭은, 자원 부족이 곧 지능 부족을 뜻한다고 가정하기 때문이다. 빈곤층 학생과 학부모는 그것을 알기 때문에 매우 언짢아지는 것이다.

이미 여러 면에서 부모 역할을 하는 학생에게 교사가 부모의 목소리로 말하면, 학생은 분노한다. 이것은 분노가 두려움에서 비롯되기 때문이다. 부모의 목소리를 들은 학생은 아이의 목소리, 아니면 부모의 목소리로 응대해야 한다고 느낀다. 부모의 목소리로 반응하면 (이 경우 비꼬는 투가 될 텐데) 문제에 부딪히게 된다. 그렇다고 아이의 목소리로 반응하면 자신이 무기력하게 느껴지고, 따라서 어른에게 휘둘릴지 모른다고 생각하게 된다. 학생들 상당수가 부모의 목소리를 선택하는데, 무기력한 상황과 연관된 기억보다는 덜 무섭기 때문이다.

빈곤층에서는 생존 언어를 구사한다. 빈곤층은 한마디로 자원이 너무 부족해 그것을 어떻게 쓸지 논의할 여지가 없다. 예를 들어 사람이 다섯 있고 핫도그가 다섯 개 있다면 핫도그를 어떻게 나눠야 하느냐는 문제는 답이 명백하다. 핫도그에 들어갈 양념도 제한되어 있을 것이므로 그것을 어떻게 나눠야 할지도 그다지 논의할 여지가 없다. 반면에 중산층에서는 핫도그를 몇 개나 만들(살) 것인지, 거기에 무엇을 넣을 것인지, 각 내용물을 얼마나 많이 넣을 것인지 등을 논의할 여지가 있다. 따라서 빈곤층에서는 선택 사항들을 파악하고 그중 무엇을 선택할지 협상하는 능력이 잘 개발되지 않는다.

학생들이 '협상 언어language of negotiation'를 구사하도록 가르치려면, 교사는 학생들이 사용할 수 있는 표현들을 먼저 가르쳐야 한다. 특히 고학년 초기부터 아이들이 토론할 때 '어른의 목소리'를 쓰게 해야 한다. 어른의 목소리가 무엇인지 직접적으로 가르쳐주고, 사용할 수 있는 표현도 알려준다. 어른의 목소리에 어울리는 표현을 쓸 때마다 학생에게 점수를 기록하게 하면, 아이들은 웃을 것이다. 하지만 시간이 지나면서 교사 역시 학생들과 교류할 때 어른의 목소리로 말한다면, 학생들도 좀 더 자연스럽게 그러한 방식(어른의 목소리)으로 질문하고 발언하게 될 것이다.

이와 더불어, 또래 사이의 협상을 가르치는 데 쓸 수 있는 교직원 개발 프로그램들도 있다. 협상할 때는 아이들이 출신 성분이나 계층을 비하하는 발언은 삼가고, 협상 능력을 직장과 학교에서 살아남는 데 필요한 도구로 보게 해야 한다.

세 개의 목소리

에릭 번(Eric Berne)
작품에서 차용

아이의 목소리[5]
- 방어적인, 피해 의식이 있는, 감정적인, 칭얼거리는, 침착하지 않은, 강력하게 부정적인 몸짓 동반.

- 고만 좀 괴롭혀.
- 너 정말 구역질난다.
- 넌(엄마는, 아빠는) 날 사랑하지 않아.
- 네 잘못이야.
- 내가 사라지면 좋겠지.
- 날 욕하지 마.
- 아무도 날 사랑하지(좋아하지) 않아.
- 쟤가 그랬어요.
- 나, 너 싫어.
- 너 때문에 미치겠어.
- 너 정말 못생겼다.
- 너 때문에 그런 거잖아.

---

[5] 아이의 목소리는 장난기 있고 즉흥적이고 호기심 넘치는 면도 있다. 위에 나열한 표현들은 갈등이 있거나 상대를 조종하려고 할 때 자주 등장하며, 상황 해결에 장애가 된다.

부모의 목소리[6]

- 권위적인, 지시하는, 판단하는, 평가하는, 어느 한쪽이 굴복해야 하는, 요구 사항이 많은, 벌 주는, 때때로 위협적인.

- 그러면 안 돼. 이렇게 해.
- _____ 하는 건 잘못이야(또는 괜찮아).
- 그건 멍청한(유치한, 이상한, 우스운) 짓이야.
- 인생은 원래 불공평한 거야. 서둘러.
- 착하구나, 못됐구나, 쓸모없구나, 예쁘구나(무엇이든 판단하고 평가하는 말).
- 내가 하라는 대로 해.
- 네가 _____ 만 하지 않았으면 이렇게 되지 않았을 거야.
- 왜 _____ 처럼 못하는 거니?

어른의 목소리

- 비판적이지 않은, 부정적인 몸짓 없음, 사실적인, 의문문 형태일 때 많음, 상생하는 태도.

- 이걸 어떤 방식으로 해결할 수 있을까?
- _____의 효율과 질을 판단하려면 어떤 요소를 검토해야 할까?
- _____을 제안하고 싶어.
- 이 상황에서 선택할 수 있는 것은 무엇이 있지?

---

6 부모의 목소리는 애정으로 가득하고 든든한 지원군 같은 분위기를 풍기기도 한다. 위에 나열한 표현들은 갈등이 있을 때 자주 등장하며, 상황 해결에 장애가 된다. 내면의 부모 목소리는 수치심과 죄책감을 불러일으키기도 한다.

- _____은 마음이 편치 않아.
- 살펴볼 만한 선택 사항으로는 _____이 있겠지.
- _____이 있으면 마음이 편해질 것 같네.
- _____을 선택한 결과가 바로 이거지.
- 우리 동의하지 않기로 동의하자.

우화 활용하기

학생이나 성인을 대할 때 활용할 만한 또 다른 기법은 우화metaphor story를 들려주는 것이다. 우화는 미래의 행동에 영향을 주는 문제들을 끄집어내도록 하는 데 유용하다. 이 이야기는 다음과 같은 식으로 진행된다.

한 학생이 아픈 곳이 없는데도 1주일에 두세 번 양호실에 찾아간다. 어른이 제니퍼(그 학생 이름)에게 말한다. "제니퍼, 내가 이야기 하나 들려줄 테니 날 좀 도와주겠니. 너랑 비슷한 4학년 소녀에 관한 이야기야. 내가 4학년이 아니라서 잘 모르니까, 네가 도와줘야 해. 옛날에 양호실에 찾아간 한 소녀가 있었어. 그 소녀는 양호실에 왜 갔을까?(어딘가 아프다고 생각했기 때문이겠죠.) 그렇다면 소녀는 어딘가 아프다고 생각해서 거기에 갔구나. 그러면 양호 선생님이 뭔가 문제를 찾아냈을까?(아뇨, 찾지 못했어요.) 그래, 그러면 양호 선생님은 아무 문제도 찾지 못했는데, 소녀는 계속 양호실에 갔네. 소녀는 왜 계속 거기에 갔을까?(여전히 뭔가 아픈 데가 있다고 생각했기 때문이겠죠.) 좋아, 여전히 아픈 데가 있다고 생각해서 그랬구나. 그러면 왜 아픈 데가 있다고 생각했을까?(어떤 TV 프로그램을 보았는데….)"

위의 이야기는 소녀가 보이는 행동의 이유를 발견할 때까지 계속되는데, 마지막에는 긍정적인 분위기로 끝나게 한다. "그래서 결국 의사에게 갔더니 의사가 검사했는데 문제없다고 말해 주었대."

이 이야기는 실제 사례다. 이야기를 풀어나가면서 드러난 점은 제니퍼가 어떤 TV 프로그램을 보았는데, 거기에서 한 소녀가 갑자기 죽으면서도 자기 자신이 아픈 줄 몰랐다는 것이었다. 그 후 제니퍼의 부모는 제니퍼를 병원에 데려갔고, 병원에서는 제니퍼를 검사한 결과 아무 문제가 없다고 진단했다. 그래서 제니퍼는 그 뒤로 더 이상 양호실을 찾지 않게 되었다.

우화는 학생의 현재 행동을 이해하고 적절한 행동으로 바꾸도록 도와줘야 할 때 일대일로 적용해야 한다.

불문율 가르치기

예를 들어 빈곤층 학생이 훈육 받을 때 웃는다면 교사는 이렇게 말해 줘야 한다. "컴퓨터 게임을 할 때 어떤 게임을 하든 항상 똑같은 규칙대로만 하니? 아니지, 그렇게 하면 게임에 질 테니까. 학교에서도 마찬가지야. 길거리 규칙이 있고 학교 규칙이 있는 거란다. 각각의 규칙은 거기에서 성공하는 데 필요하지. 그래서 학교에서는 선생님이 벌을 줄 때 웃으면 안되는 거야. 그러면 학교에서 잘 해낼 수가 없거든. 문제만 더 생길 뿐이지. 웃지 말고 진지한 얼굴로 후회하는 듯한 표정을 지어야 한단다. 실제로 그렇게 느끼지 않더라도 그래야 해."

이것은 불문율을 지도하는 한 가지 예다. 좀 더 나이가 있는 학생에게는 이보다 직접적으로 표현해도 좋다. "자, 비즈니스에서의 규칙이 있듯이 학교에도 규칙이 있다. 그게 뭐지?"

이와 같이 논의를 끝낸 후에는 학생이 잘 해내는 데 필요한 규칙을 상세히 이야기해 주는 것이 바람직하다.

WHAT DOES THIS INFORMATION MEAN IN THE SCHOOL OR WORK SETTING?
학교와 기업, 그리고 지식의 활용

- 빈곤층 학생은 적어도 두 가지 행동 양식을 익혀야 한다. 하나는 길거리에서 살아나가기 위한 것, 하나는 학교에서 생활해 나가기 위한 것.
- 훈육의 목적은 학교에서 잘 해내는 데 필요한 행동을 장려하는 것이다.
- 학생들에게 어른의 목소리(협상 언어)를 사용하도록 가르치는 것은 학교에 다닐 때나 졸업한 후나 성공에 중요한 요소이고, 물리적인 공격에 대한 대안이 될 수도 있다.
- 구조와 선택은 훈육 방법의 일부가 되어야 한다.
- 훈육은 지도 방식의 종류로 인식돼야 하고 그렇게 사용되어야 한다.

CHAPTER 8

교육과 학업 성적 향상

더 이상 예전의 방식이 효과적이라고 내세워서는 안 된다. 우리가 아무리 잘, 아무리 열심히 가르쳐도 마찬가지다. 학생들은 (특히 빈곤층 학생의 경우) 점점 개념이 정립되지 않은 채로 학교에 입학하고, 그보다 더 중요하게, 인지 전략을 형성하지 못한 상태에서 입학한다. 이러한 아이들을 모조리 특수 교육에 맡길 수야 없는 노릇 아닌가. 그렇다면 이런 인지 전략이란 무엇이고, 학생들 머릿속에 학습 구조를 짜 넣는 방법은 무엇인가?

A Framework
for
Understanding Poverty

이 책의 핵심 목표 가운데 하나는 빈곤층 학생들의 학업 성적을 개선하는 것이다. 저조한 성적은 자원 부족과 밀접하게 연관되며, 여러 연구에서도 사회 경제적 지위와 성적의 상관관계를 다룬 적이 있다(Hodgkinson, 1995년). 하지만 학업 성적을 개선하려면 교수법을 재고해 보아야 한다.

전통적 개념으로서의 지능

사람들은 오래 전부터, 아니 지금까지도 지능이 유전된다고들 생각한다. 사실 《종곡선The Bell Curve》이라는 책에서 리처드 헌스타인Richard Herrnstein과 찰스 머레이Charles Murray는, 빈곤층의 IQ가 중산층보다 평균 9점이 낮다고 주장했다. IQ 검사가 진정으로 능력을 측정할 수 있다면 그것은 신뢰할 만한 논증일지 모른다. 그러나 IQ 검사가 측정하는 것은 습득된 정보다. 다음 IQ 시험을 해보자.

IQ 검사

01 '회색 테이프'가 무엇이고 어디에 쓰이는가?
02 '경멸'이 무슨 뜻인가?
03 자주 이사할 때 발생하는 장점과 단점에는 무엇이 있는가?
04 보석 보증인의 주 업무는 무엇인가?
05 바퀴벌레가 무엇인가?
06 전당포와 편의점의 공통점과 차이점은 무엇인가?
07 미국 시민권이 없는 사람이 시민권을 얻으려면 무엇이 중요한가?
08 당신은 빵가게에 간다. 어제 생산된 빵 다섯 개를 한 개당 39센트에 사거나, 사흘 된 빵 일곱 개를 개당 28센트에 살 수 있다. 어느 쪽이 적은 비용이 드는가?
09 국외 추방이 무슨 뜻인가?
10 결혼한 관계와 관습법에 따른 관계는 어떻게 다른가?

위의 질문은 IQ 검사에 나오는 대표적인 유형이다. 다만 한 가지, 내용이 다르다. 하지만 여러 IQ 검사가 지능이 아니라 지식을 측정한다는 점만은 분명하게 보여준다. IQ 검사는 학교 성적을 예측하려는 목적으로 고안되었다. 하지만 능력이나 기본 지능은 예측하지 못한다. 중산층 학생이 위의 검사를 받는다면 빈곤층 학생보다 낮은 점수를 얻을 확률이 높다. 따라서 학교에서 다양하게 활용하는 평가나 검사는 능력이나 지능과 별로 상관이 없다. 그것은 오히려 이미 습득한 지식 기반과 연관된다. 부모의 교육 수준이 높으면 학생의 지식 기반도 탄탄할 확률이 높다. 학업 성과를 높이는 더 좋은 방법은 교육 방법과 학습 방법을 검토해 보는 것이다.

교육과 학습 구별하기

1980년대 이후로 교육에서는 '교수teaching'를 강조했다. 이것은 잘 가르치기만 하면 저절로 학습된다는 이론이었다. 하지만 알다시피 누구나 특정 상황에서는 배우지 않으려 한다. 배경 지식이 없거나 그와 관련된 신념 체계가 없어서, 교육자가 잘 가르치더라도 배울 수가 없다고 느낀 적이 누구나 있을 것이다.

뭔가를 배우려면 특정 인지 기술이 있어야 하고, 학습 수용에 필요한 구조가 머리에 짜여 있어야 한다. 이 구조를 일종의 소프트웨어 또는 파일 정리함이라고 해도 좋겠다. 전통적으로 우리는, 교사들에게는 교육 관련 연구 결과를 알려주고 고문이나 초등 교사들에게는 학습 관련 연구 결과를 알려주었다. 빈곤층 학생들을 제대로 도와주려면 바로 학습 관련 연구 결과를 살펴봐야 한다.

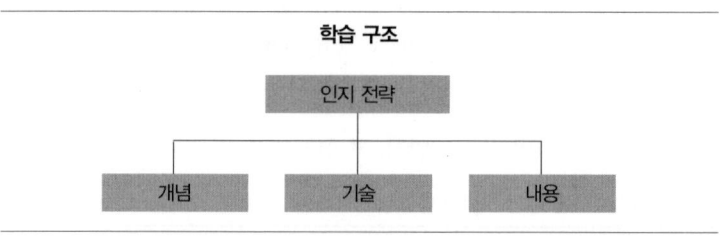

지나치게 간략하기는 하지만 위의 학습 구조 도표에는 네 가지 요소가 담겨 있다. 첫째는 인지 전략cognitive strategies이다. 이것은 개념보다 더 기본적인 요소다. 인지 전략은 정보를 처리하는 근본적인 방식으로서, 기본 설비인 셈이다. 개념concepts은 정보를 저장하고 검색하는 데 쓴다. 기술skills은 읽기와 쓰기와 계산하기와 언어 능력 등으로, 내용을 처리하는 과정이다. 내용content은 학습 대상으로서, 일상 생활을 의미 있게 하는 데 필요한 정보다. 전통적으로 학교에서는 학생들이 이미 인지 전략을 갖춘 상태로 입학한다고 가정했다. 그렇지 않은 경우 학생에게 검사를 받게 해서 특별 프로그램에 참여하게 했다. 특수 교육, 난독증, 교육 통합 및 향상 법안 제1장,[7] 주의력 결핍 과잉 행동 장애ADHD, 장애인 차별 금지법 등이 이와 연관된다. 그러나 학교에서는 인지 전략을 만들어주려는 노력은 거의 하지 않았다. 그것을 고칠 수 있다고 여기지 않았기 때문이다. 유치원 이전 단계와 유치원 단계에서는 개념 정립에 집중했다. 1학년에서 3학년까지는 기술 습득에 치중했다. 4~5학년에서는 그 기술을 발전시키고, 6학년부터 12학년까지는 내용을 가르쳤다.

더 이상 이런 방식이 효과적이라고 내세워서는 안 된다. 우리가 아무리 잘, 아무리 열심히 가르쳐도 마찬가지다. 학생들은 (특히 빈곤층 학생의 경우) 점점 더 개념이 정립되지 않은 채로 학교에 입학하고, 그보다 더 중요하게, 인지 전략을 형성하지 못한 상태에서 입학한다. 이러한 아이들을 모조리 특수 교육에 맡길 수야 없는 노릇 아닌가. 그렇다면 이런 인지 전략이란 무엇이고, 학생들 머릿속에 학습 구조를 짜 넣는 방법은 무엇인가?

---

7 연방 정부에서 빈곤층에게 보조금을 제공한다는 내용의 법률로서, 1981년 통과되었다.—옮긴이.

인지 전략

이 분야에서 설득력 있는 논문을 쓴 사람은 레우벤 포이어스틴Reuven Feuerstein이라는 이스라엘인이다. 그는 1945년에 빈곤층 사람들, 즉 제2차 세계대전 이후 이스라엘에 정착한 청소년들로서 선거권이 박탈된 사람들과 일을 시작했다. 그는 장 피아제Jean Piaget 밑에서 공부했는데 피아제와는 한 가지 중요한 면에서 생각이 달랐다. 그는 환경 자극과 반응 사이에 중재(mediation, 즉 어른의 개입)가 있어야 한다고 생각했다.

중재		
자극 인식	의미 할당	전략 인식

중재는 기본적으로 세 가지로 구성된다. 자극 인식, 의미 할당, 전략 인식이 그것이다. 예를 들어 우리는 아이들에게 이렇게 말한다. "길을 조심해서 건너거라. 차에 치일지 모른다. 꼭 건너야 한다면 양쪽을 두 번씩 살펴보고 건너라."

중재가 중요한 까닭

중재로 인지 전략을 형성한 학생은 계획하는 능력이나 데이터를 체계적으로 살피는 능력 등을 얻게 된다.

- 누군가 임의적이고 드문드문 끊어진 이야기 구조에 의지하여 과거를 기억한다면, 예측 불가능한 환경에서 산다면, 그리고 계획하는 능력을 개발하지 못했다면…
- 계획하지 못한다면, 예측도 할 수 없다.
- 예측하지 못한다면, 인과를 찾아낼 수 없다.
- 인과를 알아내지 못한다면, 행동의 결과를 알아낼 수 없다.
- 행동의 결과를 알아내지 못한다면, 충동을 다스릴 수 없다.
- 충동을 다스릴 수 없으면 범죄를 저지르기 쉬워진다.

포이어스틴은 어른이 중재하지 않을 때 아이의 마음에서 생겨나는 잃어버린 고리들을 찾아냈다. 이 학생들은 십중팔구 특수 교육이 필요한 아이로 분류되었을 것이다. 하지만 그 프로그램 덕분에 포이어스틴은 자신에게 찾아온 십대 학생들이 잘 해내도록 도와주었고, 그 가운데 몇몇은 박사학위까지 취득할 수 있었다. 포이어스틴은 이런 전략을 가르치기 위해 50개가 넘는 도구를 고안했다. 그러면 잃어버린 인지 전략이란 무엇일까?

잃어버린 고리들[8]

01 집중 : 주의를 집중하는 능력과 사물을 상세히 관찰하는 능력.

---

8 Feuerstein, 1980; Sharron, 1994.

모호하고 포괄적인 인식과 반대.

02 일정 짜기 : 일과를 토대로 미리 계획하고 일정을 짜는 능력. 미래를 추상적으로 상상하고 목표를 설정하는 능력.

03 긍정적 기대 : 행복한 미래를 만들기 위해 현재를 통제하는 능력.

04 억제와 통제 : 만족을 지연하는 능력, 행동하기 전에 생각하고 자제하는 능력.

05 미래 상상 : 사실을 토대로 미래의 시나리오를 상상력 있게 그리는 능력.

06 언어 자극 : 환경을 정의하고 범주를 구분하는 데 필요한 정확한 언어 구사력.

07 정확성 : 상황과 사물과 사람 등을 정확히 정의하고, 정확한 생각을 문제 해결에 적용하는 능력.

잃어버린 고리missing link가 있으면(즉 어른이 적절히 중재해 주지 않았다면) 인지 관련 문제가 발생하게 된다.

인지 문제에는 무엇이 있는가

'모호하고 포괄적인 인식, 체계적인 탐구법 부재'란 것은 학생이 정보를 일관된 방식이나 예측 가능한 방식으로 습득하지 못한다는 뜻이다. 이런 학생은 종이에 쓰인 것의 50%만 본다. 새로운 환경에 놓이면 이 학생은 이 물건 저 물건 빠르게 훑으면서 모두 만져볼 것이다. 하지만 무엇을 보았느냐고 물으면 아무것도 대답하지 못한다. 이것은 일상적 이야기 구조와 연관되는데, 앞에서 언급했듯이 이런 구조에서는 정보가 에피소드 단위 또는 무작위로 제시된다. 이들은 한마디로 과제 완수에 필요한 인지 기법이나 체계적인 방법을 모른다.

'언어 도구 손상'이란 인지 문제를 해결하는 데 필요한 단어가 없다는 뜻이다. 단어는 학습 구조의 근본 요소다. 또 문제를 더 잘 정의하고 더 정확한 해결책을 찾는 일 등에 필요한 도구다. 오직 일상적 사용역에만 기대는 학생은 어휘가 부족하다.

'공간 인식 손상'이란 공간에서 사물이나 사람의 위치를 찾지 못한다는 뜻이다. 이 문제가 있는 사람(학생)은 지도, 위치, 사물의 크기나 모양 등을 인식하지 못한다. 그뿐 아니라 공간 인식에 필요한 어휘도 없고 개념도 형성되어 있지 않다.

'시간 인식 손상'이란 시간을 정돈하고 측정하지 못한다는 뜻이다. 포이어스틴이 관찰한 바에 따르면 이러한 문제가 있는 학생은 측정된 시간이 아니라 경험의 밀도에 따라서 특정 사건의 기간(시간)을 인식한다. 내가 관찰한 바에 따르면 어떤 빈곤층 학생은 시간을 측정하지도 않고 시간에 주의를 기울이지도 않았다. 또 시간에 맞춰 도착하는 것을 중요하게 생각하지도 않았다. 그리고 시간을, 활용하거나 가치 있게 여길 수 있는 것으로 보지도 않았다.

'불변성 인식 손상'이란 뇌가 사물의 기억을 동일하게 유지하지 못한다는 뜻이다. 다시 말해 이 부분에 문제가 있으면 시간이 지나면서 마음속에서 사물의 모양과 크기가 바뀌게 된다. 이렇게 되면 알파벳을 배우거나 모양을 기억하기가 어려워진다. 예를 들어 서쪽과 동

쪽은 늘 변하지 않는 반면, 왼쪽과 오른쪽은 그 순간의 위치에 따라 달라진다.[9]

'데이터 수집 정확도 저하'도 인지 문제다. 이것은 위에서 언급한 문제들과 연관된다. 빈곤층 학생들은 정확한 데이터를 수집하는 전략이 없기 때문에 문제를 해결하거나 다른 일을 해결하는 데 극심한 어려움을 겪는다. 또 다른 문제는 '두 가지 사물이나 정보를 머리에 유지하면서 비교하고 대조하는 능력이 없다'는 점이다. 이렇게 되면 뇌에서 정보를 분류하지 못한다. 그러면 연상되는 대로, 무작위로 떠오르는 것 외에는 정보를 머리에서 찾아낼 수 없다.

이런 문제는, 학생들이 왜 특정 방식으로 행동하는지 이해하는 데 유용하다. 이제 어떻게 중재해야 하겠는가?

반드시 형성해야 하는 인지 전략

포이어스틴은 학습 과정에는 세 단계, 즉 입력input, 정교화elaboration, 출력output 단계가 있다고 했다.

1 입력 전략

입력은 '수집된 데이터의 질과 양'으로 정의된다.

> 01 계획을 짠다.

---

[9] 알츠하이머에 걸린 사람이 자기 위치를 파악하지 못하는 것도 이 증상과 연관된다. 동일한 장소가 머리에서 동일하게 유지되지 않고 계속 변하기 때문에 같은 곳으로 인식하지 못한다.—옮긴이.

02 특정 자극에 집중한다.
03 충동을 제어한다.
04 데이터를 체계적으로 탐구한다.
05 적절하고 정확한 명칭을 사용한다.
06 안정된 기준에 따라 공간을 구분한다.
07 데이터를 시간 순으로 정리한다.
08 변하는 것과 변하지 않는 것을 구분한다.
09 정확한 데이터를 수집한다.
10 두 가지 정보를 동시에 고려한다.
11 부분부분의 데이터를 정돈한다.
12 데이터를 시각적으로 이동시킨다.[10]

2 정교화 전략

정교화는 '데이터 사용'으로 정의된다.

01 문제를 인식하고 정의한다.
02 연관된 단서를 찾는다.
03 데이터를 비교한다.
04 적절한 시간 범주를 선택한다.
05 데이터를 요약한다.
06 데이터 사이의 관계를 추정한다.

---

10 이를테면 칠판에 적은 과제를 종이 위에 옮겨 적거나, 말로 들은 이야기를 마음속으로 정리할 때, 시각적으로 기억하기 좋은 방식으로 데이터를 이동하는 것을 말한다. 이론적이거나 추상적인 문장보다, 실생활에서 접할 수 있는 것들로 이야기를 구성하는 것이 시각적으로 정보를 이동시키는 더 나은 방법이다―옮긴이.

> 07 논리적 데이터를 활용한다.
> 08 가정을 시험한다.
> 09 추론한다.
> 10 데이터를 사용하여 계획을 짠다.
> 11 적절한 명칭을 사용한다.
> 12 데이터를 체계적으로 활용한다.

3 출력 전략

출력은 '데이터 소통communication of the data'으로 정의된다.

> 01 이름과 절차를 명확히 전달한다.
> 02 데이터를 시각적으로 올바르게 이동시킨다.
> 03 정확한 언어를 사용한다.
> 04 충동적 행동을 제어한다.

이런 전략이 의미하는 바는 무엇인가?

중재는 이러한 전략을 형성하게 해준다. 전략이 없으면 만들면 된다. 학교에서 교사들은 정교화 단계(데이터 활용)부터 가르치기 시작한다. 학생들이 이해하지 못하면 정교화 전략을 다시 가르치기는 하지만, 수집된 데이터의 질과 양을 되짚어보지는 않는다.

입력 전략(데이터의 질과 양)

'계획 짜는 것'에는 목표 설정, 일의 절차 파악, 일의 부분 파악, 시간

배분, 완료에 필요한 작업의 질 파악 등이 관련된다.

'특정 자극에 집중하는 것'은 문서에 있거나 또는 주변에 있는 것들을 세세하게 살펴보는 전략이다. 오감으로 감지되는 것을 모두 식별하는 일이다.

'충동 제어'는 어떤 일에 관해 생각해 보기 전에는 행동하지 않는다는 전략이다. 충동 제어와 행동 개선, 그리고 성적 향상은 직접적으로 연관된다.

'데이터를 체계적으로 탐구하는 것'은 데이터 하나하나를 절차에 따라 체계적으로 살펴보는 전략이다. 그 중 한 가지 방법으로, 데이터에 숫자를 부여하는 것이 있다. 또 다른 방법으로 데이터에 표시를 해두는 것도 있다.

'적확한 명칭 사용'은 명확한 단어와 어휘로 사물을 구별하고 설명한다는 뜻이다. 정확한 단어를 모르면 정보를 검색하고 활용하는 능력이 심각하게 제한된다. 그저 어떤 일을 해낼 수 있는 것만으로는 충분하지 않다. 절차와 일 등에 이름을 붙여서 같은 일을 성공적으로 반복하고 메타 인지(상위 인지) 차원에서 분석할 수 있어야 한다. 메타 인지는 자신의 생각을 생각하는 능력이다. 그러려면 명칭을 붙여야 한다. 명칭이 있을 때만 일을 평가하고, 따라서 개선할 수 있다.

'안정된 기준에 따라 공간 구분하기'는 수학에 필수다. 이것은 위, 아래, 좌, 우, 수직, 수평, 대각 등을 이해한다는 뜻이다. 명칭을 보고 어떤 항목의 위치를 알아낼 수 있다는 뜻이며, 공간을 파악할 수 있다는 의미다. 예를 들어 어떤 사람에게 이 전략이 없다면 p와 b와 d

를 거의 구별할 수 없다. 세 알파벳의 유일한 차이는 공간상의 방향이다.

'시간에 따라 데이터 정리하기'는 시간과 시간 측정에 추상적 가치를 부여하는 전략이다. 이것은 원인과 결과를 파악하고, 순서를 결정하고, 결과를 예측하는 데 필수다.

'변하는 것과 그렇지 않은 것 구분하기'는 무엇이 늘 그대로이고 무엇이 변하는지 알아낸다는 의미다. 이를테면 무엇이 정사각형을 정사각형이게 하는지 모른다면, 변하지 않는 것을 알아낼 수 없다. 이것은 사물을 정의하고, 사람이나 사물을 인식하고, 비교하고 대조하는 데 필요하다. 다양한 필기체를 읽는 데도 필요하다. 한번은 내가 5학년 학생들에게 이렇게 물었다. "여러분이 내일 나를 본다면, 무엇이 그대로이고 무엇이 바뀔까?" 이 질문에 제대로 대답하지 못하는 학생들이 많았다.

'적확한 데이터 수집'은 정확한 명칭을 쓰고, 시간과 공간에서 위치를 파악하고, 변하지 않는 요소를 알아내고, 데이터를 체계적으로 탐구하는 전략이다.

'동시에 두 가지 정보 고려하기'는 데이터를 시각적으로 정확하게 이동시키고, 변하는 것과 그렇지 않은 것을 파악하고, 데이터를 체계적으로 탐구하는 전략이다. 이를 통해 적확한 명칭을 부여할 수 있다.

'부분부분의 데이터 정돈하기'는 데이터를 체계적으로 탐구하고, 공간을 파악하고, 변하는 것과 그렇지 않은 것을 알아내고, 부분과 전체에 정확한 명칭을 붙이는 것과 연관된다.

'데이터를 시각적으로 이동시키기'는 눈이 데이터를 포착했을 때 그것을 정확하게 뇌로 운반하고, 변하는 것과 그렇지 않은 것을 조사하고, 부분과 전체에 명칭을 붙이는 것이다.

정교화와 출력 전략

이 부분은 교사들도 꽤 잘 이해하는 편이다. 학교에서 가르치는 것이 바로 이 부분이기 때문이다.

이 전략들을 가르치면 수업 계획서가 어떤 모습이 되겠는가?

수업은 학생들이 수행하는 활동을 중심으로 돌아갈 것이다. 수업 중에 학생들은 다음 다섯 가지 기술을 보여주어야 한다.

학생들이 할 일[11]	
	계획 짜기
	충동 자제하기
	평가하기
	데이터를 체계적으로 탐구하기
	정확한 언어 사용하기

내용과는 무관하게, 학생들이 위의 다섯 가지를 어떤 식으로든 하도록 수업이 짜여 있다면 인지 전략이 강화되고, 품행이 개선되고, 학업 성과가 높아질 것이다.

---

[11] 계획 짜기 빈칸에 넣을 수 있는 예로, '어떤 일을 하는 데 필요한 단계를 거꾸로 하나씩 되짚어보고, 일정표 만들어보기'가 있겠다―옮긴이.

안구 운동으로 학습과 처리 따라가기

밴들러와 그린더Bandler and Grinder(1979년)는 비언어적 단서, 그리고 인지 처리와 관련하여 폭넓게 연구했다. 이것을 NLP(신경 언어 프로그래밍)라고 한다. 하지만 특별히 교육자들의 관심을 끈 것은 안구 운동이었다. 그 덕분에 학생들이 정보를 처리하는 방식을 이해할 수 있게 되었기 때문이다. 범죄 학자들은 이 기법으로 범죄를 무너뜨리고, 변호사들은 목격자를 신문하고, 판매원들은 판매를 늘린다. 러보드 Laborde(1983년)의 《감화하기Influencing with Integrity》는 이것을 일반인이 이해하도록 저술한 책이다. 여기에서는 간략하게나마 주요 개념을 이야기해 보겠다. 다음에 나오는 사람 얼굴을 시계라고 생각해 보라. 당신이 사람 얼굴을 볼 때의 모습이다. 우선 얼굴은 세 개의 구역으로 나뉘어 있다. 시선이 윗부분을 향할 때, 그 사람은 시각 정보를 처리하는 것이다. 시선이 중간을 향할 때는 청각 정보를 처리하는 것이다(한 가지 예외가 있다). 시선이 아래쪽을 향할 때는 혼잣말을 하거나 감정을 처리한다는 뜻이다.

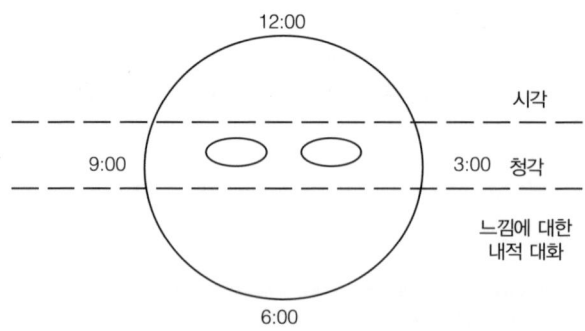

시각

이제 다음 단계로 넘어가자. 피관찰자가 오른손잡이면, 2시 방향은 그 사람이 시각적으로 기억된 데이터를 처리하고 있다는 뜻이다. 10시 방향은 시각적으로 만든[12] 데이터를 처리하고 있다는 뜻이다. 다시 말해, 여러 정보원에서 얻은 데이터를 취합한다는 뜻이다. 그 사람이 왼손잡이라면, 2시 방향은 시각적으로 만든 데이터를, 10시 방향은 시각적으로 기억된 정보를 뜻한다.

청각

피관찰자가 오른손잡이라면, 3시 방향은 기억된 청각 데이터를 뜻하고 9시 방향은 만들어낸 청각 데이터를 뜻한다. 반대로 왼손잡이라면 3시 방향이 만들어낸 청각 데이터를, 그리고 9시 방향은 기억된 청각 데이터를 뜻한다.

느낌과 운동 감각

피실험자가 오른손잡이라면, 5시 방향은 청각석 내변의 대화(혼잣말)를 뜻하고 7시 방향은 느낌을 뜻한다. 왼손잡이라면 반대다.

---

[12] construct를 옮긴 말인데, 기억된 정보를 떠올리는 것이 아니라 마음속에서 만들어낸다는 뜻이다

시각 구성

눈이 정면 위쪽을 응시하면서 초점이 흐리다면, 데이터를 시각적으로 만들어낸다는 뜻이다.

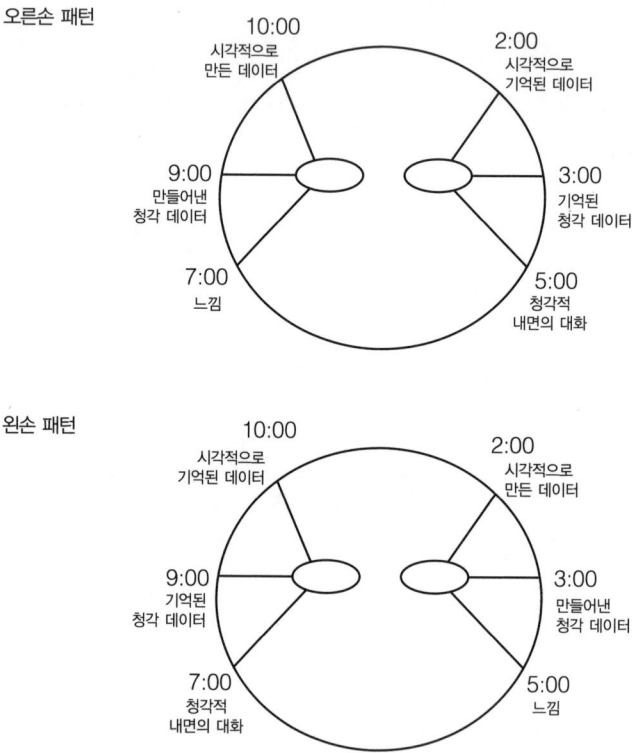

안구 운동을 알면 어떻게 도움이 될까? 학생이 눈을 시각 위치로 이동하면, 교사는 학생이 정보를 시각적으로 찾으려 한다는 점을 알게 된다. 그러면 교사는 학생에게 "무엇이 보이지?"라고 물어서 처리 과정을 도울 수 있다. 마찬가지로 청각 위치로 눈이 이동하면, "무슨

소리가 기억나니?"라고 물어보면 된다. 다른 위치도 마찬가지로 응용할 수 있다. 안구 운동은 특정 학생이 일반적으로 정보를 어떻게 저장하고 꺼내는지 파악하는 데 유용하다.

개념 도식과 인지 전략을 형성하는 부가적 교수법

01 그래픽 오거나이저graphic organizer 활용하기(Idol and Jones, 1991년, 제3장) : 그래픽 오거나이저는 학생이 주요 개념을 파악하고, 개념에 구체적인 명칭을 부여하고, 관련 있는 단서를 솎아내는 데 유용하다(아래 예 참조).

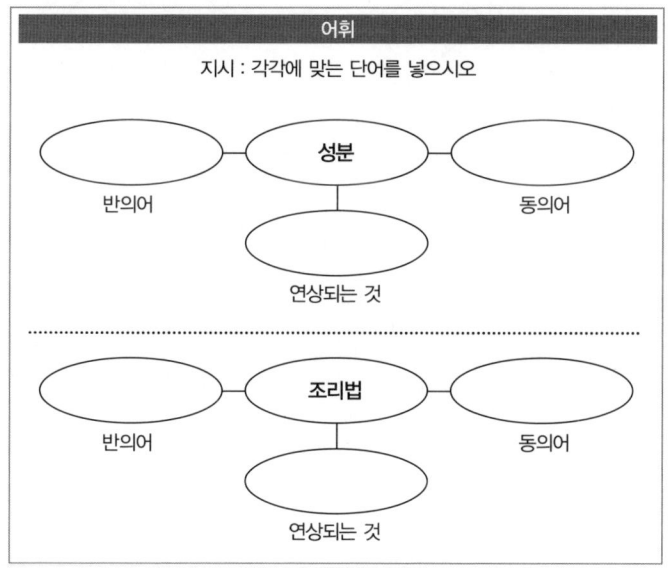

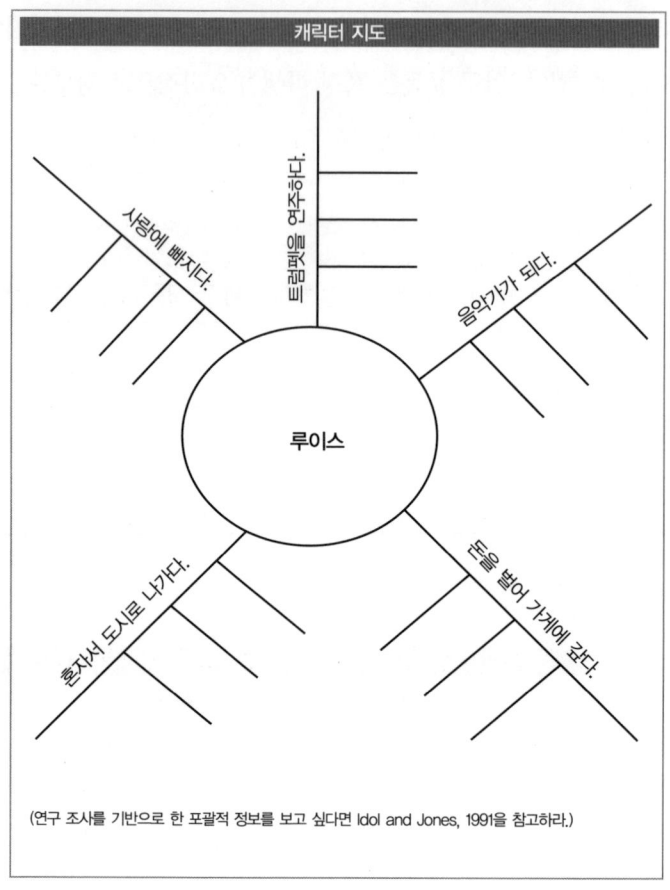

02 데이터와 텍스트에 체계적으로 접근하는 방법 알아내기 : 이렇게 하는 한 가지 방법은 학생에게 텍스트를 체계적으로 살펴보는 방법을 알려주는 것이다. 어떤 교사는 학생에게 특정 정보에 표시하게 한다. 다음 예를 보자.

자가 질문 전략

답을 발견한 곳에 다음과 같은 표시를 해보자.

☺ = 누가	Y = 왜
→ = 어디서	X = 언제
□ = 무엇을	H = 어떻게

아기 돼지 삼형제는 나가서 집을 짓기 시작했다. 첫째는 짚을 지고 가는 남자를 만났다. 첫째가 물었다. "저에게 짚을 조금 주시겠어요? 집을 지으려구요."
"그러자꾸나, 여기 있다." 남자가 말했다.
첫째는 남자에게 받은 짚으로 집을 지었다. 늑대가 와서 문을 두드렸다. "아기 돼지야, 아기 돼지야. 나 좀 들어가게 해주렴."
"어림없는 소리 하지 마세요!" 아기 돼지가 말했다.
"그러면 나 화낸다. 훅 불어서 네 집 날려버릴 거야." 늑대는 이렇게 말하고 화를 내면서 훅 불어서 집을 날려버렸다. 그러고는 첫째를 먹어버렸다.
둘째는 나무 나르는 사람을 만났다. 둘째가 물었다. "제가 집을 짓고 싶은데 나무 좀 주실 수 있나요?"
"그래, 나눠주마." 남자가 말했다.
둘째는 남자에게 받은 나무로 집을 지었다. 늑대가 와서 문을 두드렸다. "아기 돼지야, 아기 돼지야. 나 좀 들어가게 해주렴."
"어림없는 소리 하지 마세요!" 아기 돼지가 말했다.
"그러면 나 화낸다. 훅 불어서 네 집 날려버릴 거야." 늑대는 이렇게 말하고 화를 내면서 훅 불어서 집을 날려버렸다. 그러고는 둘째를 먹어버렸다.
셋째는 벽돌 나르는 사람을 만났다. 셋째가 물었다. "제가 집을 짓고 싶은데 벽돌 좀 주실 수 있나요?"
"그래, 나눠주마." 남자가 말했다.
셋째는 남자에게 받은 벽돌로 집을 지었다. 늑대가 와서 문을 두드렸다. "아기 돼지야, 아기 돼지야. 나 좀 들어가게 해주렴."
"어림없는 소리 하지 마세요!" 아기 돼지가 말했다.
"그러면 나 화낸다. 훅 불어서 네 집 날려버릴 거야." 늑대는 이렇게 말하고 화를 내면서 훅 불었다. 하지만 벽돌집을 부수지는 못했다. 늑대는 화가 나서 지붕 위로 뛰어 올라갔다. 늑대가 소리쳤다. "아기 돼지야, 나 지금 굴뚝으로 내려간다. 가서 널 잡아먹고 말 테다!"
하지만 막내는 똑똑했다. 늑대보다도 똑똑했다. 막내는 벽난로에 뜨거운 물이 가득 담긴 커다란 냄비를 미리 가져다놓고 불을 지펴 물을 끓였다. 그러고 나서 뚜껑을 열었다. 늑대는 냄비 속으로 떨어졌다. 그 후로 아기 돼지는 작은 벽돌 집에서 행복하게 살았다.

03 '목표 설정과 절차적 혼잣말'Marzano and Arredondo(1986년) : 이 두 가지 활동은 하루 일과의 일부로 삼아야 한다. 절차적 혼잣말은 우선 글로 써본다. 나중에 이것은 내적 대화의 일부가 될 것이다. 목표 설정은 몇 가지 인지 관련 문제를 해결하는 데 필요하다.

04 '개념 도식conceptual framework을 내용의 일부로서 가르치기'Marzano and Arredondo(1986년) : 이것을 하는 방법은 여러 가지가 있다. 하나는 그래픽 오거나이저를 활용하는 것이고, 다른 하나는 연상을 활용해 가르치는 것이다(시간이나 계층을 기준 삼아 가르치지 않고, 학생들이 이미 경험한 것과 연관 지어 가르치는 방법이다). 개념 도식을 만드는 또 한 가지 방법은 학생들이 아는 것을 새로운 형태로 바꾸는 것이다. 예를 들어 학생들에게 일상적 사용역으로 글을 쓰게 하고는 그것을 격식 있는 사용역으로 바꾸게 한다. 또는 빈곤층의 이야기 구조로 다시 쓰게 한다. 즉 학생들이 같은 정보를 다른 구조로 바라보는 기회를 제공하라는 뜻이다. 수학에서는 문제를 공식으로도 풀어보고 그림으로도 풀어보게 한다.

05 학급 환경에 '운동 감각적 접근 방법'을 도입하는 것도 또 다른 중재 기법 : 가령 대수를 종이와 연필로 딱딱하게 가르치기보다 미술 교사와 수학 교사가 협력하여 프로젝트를 만들어, 학생들이 금속 세공품을 만들면서 대수를 적용하게 한다. 테크 프렙 프로그램Tech Prep program[13]이 이 방법을 사용한다.

---

[13] Tech Prep program : 중등 교육과 지역 전문 대학 과정을 혼합한 미국의 직업 교육 프로그램이다.

06 학업 수준을 보여주는 '평가표rubric를 사용'하여 학생들이 자신의 상태를 평가할 수 있게 하기 : 잘 정의된 평가표가 있으면 학생들은 자신의 학업 능력을 평가하고, 그 개선 방안을 찾아낼 수 있다. 또 평가표는 계획을 짜지 못하는 문제를 해결하는 데 좋다. 게다가 미래를 표상하는 인지 전략 형성에도 도움이 된다. 자신의 선택이 미래에 어떤 결과로 돌아올지 예측할 수 있게 되기 때문이다.

07 '언어의 구조'를 가르치기 : 이런 중재 방식의 한 예인 프로젝트 리드Project Read는 읽기와 쓰기를 가르치는 통합 감각multi sensory 교수법이다. 이 방법의 핵심은 언어의 구조와 패턴 교육에 중점을 두어 학생이 격식 있는 사용역을 이해하고 활용할 수 있게 하는 것이다. 텍사스 주의 구스 크릭Goose Creek 독립 학교 지역구Independent School Disctrict에 있는 캠퍼스들은 이 프로그램을 도입함으로써 다른 학교에 비해 높은 점수를 기록했다.

08 학생들에게 질문 방법을 가르치기Palincsar and Brown(1984년) : 체계적으로 질문하는 능력과 텍스트 이해도 사이에는 커다란 상관 관계가 있다. 질문하는 방법을 가르치려면, 다음 쪽에 있는 질문 뼈대 목록을 알려주기만 하면 된다. 그런 뒤에 이것을 이용하여 스스로 질문을 만들어보게 하고, 4지선다 문제도 만들어보게 하자. 또 팔린차Palincsar와 브라운Brown이 고안한 상호 교수법reciprocal teaching method도 활용할 수 있다.

09 연관 있는 단서와 연관 없는 단서 구분하기 : 이것을 수행해 내는 멋진 방법으로 만화 그리기가 있다. 학생들에게 텍스트나 이야기

의 핵심을 여섯 칸 만화로 그리게 해보자(다음에 나오는 양식을 참고하자).

10 **심리 모델mental model 가르치기** : 뇌에 추상적 정보를 저장하려면 심리 모델을 이용해야 한다. 심리 모델이란 2차원 그림, 이야기, 은유나 비유와 같은 것을 말한다.

질문 만들기 뼈대

01 이 이야기(글)를 보고, _____을 어떻게 설명할 수 있겠는가?

02 왜 _____은 _____(행동이나 감정을) _____했을까?

03 이야기의 결말을 어떻게 다르게 쓸 수 있었겠는가?

04 만일 _____었다면 이야기가 어떻게 되었겠는가?

05 (이야기에 등장한 단어를 쓴다.) 이야기에서 _____은 무엇을 뜻하는가?

06 이 글의 지은이가 말하려는 바는 무엇인가?

07 _____은 _____을 어떻게 생각하는가?

08 _____이 _____을 한 까닭은 무엇인가?

09 _____은 무엇인가?

10 _____이 일어난 것은 언제이고, _____은 왜 _____을 했는가?

11 이 글(이야기)의 요지는 _____이다.

카툰		

연구 주제의 의미

> 격려
> 기대
> 지원

본 연구를 세 단어로 요약한다면 격려, 기대, 지원이라고 할 수 있겠다. 학교는 전통적으로 학생들에게 잘해야 한다고 격려했고, 1970년대 중반부터 교사들이 학생들에게 기대하는 태도를 보여야 한다는 논의가 일었다. 하지만 지금 학생들에게 제공해야 할 것은 '지원'이라는 개념이다.

적절한 지원이란 무엇일까? 내가 말하려는 것은 학생들을 모호하게 기분 좋게 해주라는 뜻이 아니라, 교각의 지지대 역할을 해주라는 뜻이다. 학생들에게 필요한 지원은 인지 전략, 적절한 관계, 대응 전략, 목표 설정 기회, 적절한 교육이다. 가난에서 비롯되는 진정한 차이는 인지 전략이 부족하다는 점이다. 보이지 않는 이 특질이 부족하면 삶의 모든 면에서 지장을 받게 된다.

버지니아 주 교육부(1993년)는 위기에 처한 학생들에게 학습을 장려하는 데 효과적인 방안으로서 미취학 아동 발달 프로그램, 읽기 보조 프로그램, 학급 규모 축소, 학교 차원의 예방과 지지 프로젝트의 네 가지를 제시했다. 이 네 가지 방안은 학생들의 관계, 지원, 격려, 인지 전략 발달에 큰 도움이 될 수 있다. 성적이 뛰어난 학생 수가 적은 하위권 학교를 대상으로 실시한 어떤 연구에서는 학교에 입학할 때 학생들이 갖추고 있는 외적 자원을 살펴보았다(Anderson, Hollinger, Conaty, 1993년). 부모가 학교 일에 관여하고 학교에 방문하는 것보다 더 중요한 것은 가정에서 아이를 격려하고 아이에게 기대하고 아이를 지원해 주는가 하는 점이다. 어쩌면 부모 교육의 초점을 재고해야 할지도 모른다.

결론적으로, 가난한 학생들의 요구에 대응하기 위해 교수법을 수정할 때는 격려와 기대에, 인지 전략과 지원을 통합해야만 한다.

WHAT DOES THIS INFORMATION MEAN IN THE SCHOOL OR WORK SETTING?
학교와 기업, 그리고 지식의 활용

- 학교에서는 (교수가 아니라) 학습에 초점을 맞춰야 한다(즉 학생 입장에서 생각해야 한다).
- 인지 전략 교육도 커리큘럼에 포함해야 한다.
- 교직원 교육도 프로그램식 접근법보다는 진단식 접근법에 초점을 맞춰야 한다.
- 학습을 장려하려고 할 때는 학생의 생각에 매우 주의해야 한다.
- 격려, 기대, 지원이 교수법 결정에서 방향타 역할을 해야 한다.

CHAPTER 9

관계 형성

빈곤층에 속했던 (그러다가 중산층으로 잘 올라선) 학생들에게 "어떻게 중산층으로 올라설 수 있었는가?" 물으면, 열에 아홉은 관계와 연관된 답을 해준다. 교사, 상담자, 코치 등이 그 아이들에게 한 사람으로서 관심을 기울이고 조언해 주었다고 말이다. 그렇다면 관계란 무엇을 뜻할까?(학생이 교사의 개인적 친구가 되어야 한다는 뜻인가? 교사가 학생들과 어울려야 한다는 말인가?) 좋은 관계가 형성되려면, 학생과의 관계에서 감정 예입을 늘리고 감정 인출을 줄이며 학생을 존중해야 한다.

A Framework *for* Understanding Poverty

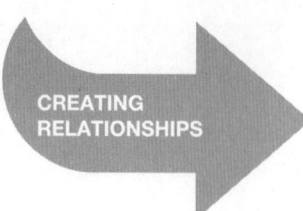

쾌활한 아이가 있다면, 그 아이를 이끌어주는 애정 어린 어른이 적어도 한 명은 있게 마련이다.
—〈U.S. 뉴스 앤 월드 리포트U.S. News & World Report〉, 불굴의 아이들Invincible Kids

빈곤층 학생이 학교에서 잘 해내는 데 필요한 열쇠는 교사가 그 아이들과 관계를 형성하는 것이다. 빈곤층에서는 오락뿐 아니라 인간관계도 중시하기 때문에, 이 학생들에게 가장 중요한 동기 부여 요소는 관계다.

그렇다면 문제는 정식 교육 기관이 어떻게 학생들과 관계를 형성하는가 하는 점이다. 이 의문에 답해 주는 자료가 두 가지 있다. 하나는 과학 분야에서 진행된 최근의 연구이고, 하나는 스티븐 코비가 개인의 성공과 관련해 연구한 내용이다.

마거릿 휘틀리Margaret Wheatley는 《리더십과 신과학Leadership and the New Science》(1992년)에서 매우 분명하게 밝혔다.

이제 여러 분과의 과학자들은 17세기, 특히 아이작 뉴턴이 만든 기계적 설명으로 세상의 작동 방식을 적절하게 설명할 수 있을지 의문스러워한다. 기계론에서는 먼저 각 부분을 이해해야 한다. 사물은 여러 부분으로 (문자 그대로든 상상으로든) 분해했다가 큰 손실 없이 원래대로 복구할 수 있다. …뉴턴식 세계관은 물질주의와 환원주의로 정리할 수 있다. 물질이 관계보다 중요한 세계다. …양자적 세계관은 과학자 대다수의 현실 인식에 정면으로 부딪혔다. 그것은 과학자들에게도 기괴하게 인식된다. 하지만 그것은 관찰되는 것이 무엇인지 결정하고, 입자들이 모습을 드러내는 방식을 결정하는 핵심 인자가 '관계'인 세계다. …이제 상당수가 장fields이라는 개념을 토대로 연구한다. 공간이나 행동을 조직하는 보이지 않는 힘인 장이라는 개념을(8~13쪽).

휘틀리는 이어서 말한다. 양자물리라는 신과학에서 물리적 현실은 만질 수 있기만 한 것이 아니라 만질 수 없기도 하다. 장field은 눈에 보이지 않는다. 그러나…

그것은 우주의 본질이다. …조직에서 행동에 더 크게 영향을 미치는 것은 무엇인가? 시스템인가 개개인인가? 양자 세계에서는 이 질문의 답을 "그때 그때 다르다"라고 한다. 중요한 것은 그 사람과 상황 사이에 발생하는 관계다. 그 관계는 항상 변할 것이고, 항상 다른 가능성을 동반할 것이다. 모든 것은 '순간'과 '참가자'에 좌우된다(34~35쪽).

교육자와 행정가들은 관계(흔히 '정치'라고도 불린다)가 어떤 건물에서 일어날 수 있는 일과 일어날 수 없는 일을 어느 정도 (때로는 완전히) 좌우한다는 점을 이미 알고 있었다. 하지만 1980년대 이후로 교육자들은 '학업 성적'과 '효과적 교수법'에 에너지를 집중했다. 교육자들은 뉴턴식 접근법을 적용하여, 교육을 여러 부분으로 나누려고 했다. 하지만 학습에서 가장 중요한 부분은 '관계'와 연관돼 있다. 생물학과 물리학으로 밝혀진 잠재적 실상과 데이터에 주의를 기울인다면 말이다.

빈곤층에 속했던 (그러다가 중산층으로 잘 올라선) 학생들에게 "어떻게 중산층으로 올라설 수 있었는가?" 물으면, 열에 아홉은 관계와 연관된 답을 해준다. 교사, 상담자, 코치 등이 그 아이들에게 한 사람으로서 관심을 기울이고 조언해 주었다고 말이다.

스티븐 코비(1989년)는 감정 은행 계좌emotional bank account라는 개념으로 관계의 핵심 영역을 전달했다. 코비에 따르면, 어떤 관계에서든 사람은 감정을 예입하거나 인출하게 된다. 다음에 나오는 도표는 그런 예입과 인출 사례들이다.

학생 또는 직원과 관계를 형성하는 첫걸음은 기본이 되는 것들을 예입하는 것이다. 관계는 언제나 한 사람에게서 시작된다. 학생의 관계에서 가장 핵심은 교사와 학생 간의 관계이고, 다음은 학생과 관리자 사이의 관계이고, 마지막이 학생들 사이의 관계다.

예입	인출
먼저 이해하려고 한다	먼저 이해받으려고 한다
약속을 지킨다	약속을 깬다
친절, 예의	불친절, 무례
기대를 분명하게 알린다	기대를 깬다
자리에 없어도 있을 때처럼 대한다	자리에 없으면 욕한다, 일구이언
사과	오만, 우쭐함, 교만
의견을 경청한다	의견을 거부한다

* 스티븐 코비, 《성공하는 사람들의 7가지 습관》.

    그렇다면 관계란 무엇을 뜻할까?(학생이 교사의 개인적 친구가 되어야 한다는 뜻인가? 교사가 학생들과 어울려야 한다는 말인가?) 좋은 관계가 형성되려면, 앞의 표에 나온 것처럼 학생과의 관계에서 감정 예입을 늘리고 감정 인출을 줄이며 학생을 존중해야 한다. 그렇다면 학생과 관계를 맺을 때 적절한 선을 유지해야 할까? 물론이다. 그리고 바로 그것이 '기대를 분명하게 알린다'가 뜻하는 바다. 학생을 하나의 인격체로서, 인간으로서 존중하고 존경과 보살핌을 받을 만한 존재로 여기면 바람직한 관계가 형성되어 학생이 효과적으로 학습할 수 있게 된다.

    빈곤층 학생이나 성인의 경우, 예입과 인출에는 어떤 것이 있을까? (다음 쪽의 도표 참조) 빈곤층 학생이 중시하는 감정 예입을 이해하면 관계를 강화할 수 있다.

    조직체나 학교는 어떻게 해야 관계를 형성하고 만들어나갈 수 있을까? 지원 시스템, 애정 어린 관심, 학업 성과 장려, 역할 모델, 학교에 맞는 행동 장려하기 등의 방법이 있다. 지원 시스템이란 한마디로

'관계의 그물'이다.

학생과 건전한 관계를 형성한다고 해서 학생들이 모두 잘 해낼까? 그렇지는 않다. 하지만 첫해에 5%가 바뀌고, 다음 해부터 매년 5%씩 바뀐다면 지금보다 훨씬 눈에 띄게 달라질 것이다.

결국 교사로서 살아온 세월을 뒤돌아볼 때 기억에 남는 것은 인간관계다.

빈곤층에서 예입	빈곤층에서 인출
그 사람의 유머를 인정한다	그 사람의 유머를 비웃거나 멸시한다
그 사람이 특정인이나 특정 상황에 관해 말하지 못하는 것을 받아들인다	특정인이나 특정 상황에 관해 모조리 말하라고 다그친다
관계의 우선순위와 의무를 존중한다	중산층의 관계 방식을 고집한다
어른의 목소리를 사용한다	부모의 목소리로 말한다
목표 설정을 도와준다	상대에게 자신의 목표를 말한다
상대에게 있는 자원과 연관된 대안을 제시한다	상대에게 있는 자원의 가치나 양을 평가한다
자유와 개성과 대화의 중요성을 이해한다	상대의 특징을 헐뜯는다

WHAT DOES THIS INFORMATION MEAN IN THE SCHOOL OR WORK SETTING?
학교와 기업, 그리고 지식의 활용

- 빈곤층 학생과 성인이 성공하도록 돕는 1차적 동기 부여 요인은 인간관계다.

- 현재의 학교나 직장 분위기가 관계 형성 기회를 얻기 어려운 상황이라면, 이 귀중한 자원이 뿌리를 내려 자라나도록 관계를 자연스럽게 형성할 방법을 찾아낸다.

맺음말

이 책에서 아직까지 다루지 않은 주제 가운데 하나는 빈곤층 학생을 가르치거나 빈곤층 직원들과 일하면서 슬픔의 단계를 밟아야 한다는 점이다. 엘리자베스 퀴블러로스Elisabeth Kubler-Ross가 말하는 슬픔의 단계는 부정, 분노, 타협, 우울, 수용이다. 특정 가족이나 개인을 만나 협력하다 보면, 어떤 상황이 너무나 고착화되어 가망 없게 보이는 까닭에 상당한 좌절과 슬픔을 느끼는 경우가 있다. 마치 전설의 문어를 상대할 때처럼, 촉수 하나를 없애고 나면 다른 촉수가 생겨나는 것이다. 특히 성인들은 이미 과거에 선택한 일들 때문에, 교육받은 상태였다면 받아들였을 법한 해결책을 결코 받아들이지 않는 일도 있다. 하지만 교육자나 사회 복지가나 고용주가 할 일은 개인을 구원하는 것이 아니라 지원 시스템과 역할 모델과 학습 기회를 제공함으로써 그 사람이 성공할 수 있는 가능성을 끌어올리는 것이다. 어쨌든 선택하는 주체는 자신이기 때문이다.

하지만 중산층과 식자층은 빈곤층 사람들도 할 수만 있다면 지금과 다르게 살 것이라고 생각한다. 물론 재정 자원도 분명히 도움이 된다. 하지만 재정 자원이 있다 하더라도 지원받은 사람이 모두 과거와 다르게 살지는 않는다. 빈곤층에서는 언어 표현이 자유롭고, 개인의 개성을 중시하고, 강렬한 감정적 경험이 뒤따르며, 삶을 감각적으로 대하는데, 이런 것은 중산층이나 식자층에서 발견하기 어렵다. 이런 특징은 빈곤층 생활에 너무나 깊이 얽혀 있어서 쉽사리 잘라낼 수가 없다. 그래서 상당수가 그 상태에서 안주한다. 어떤 이는 알코올 중독, 게으름, 의욕 상실, 약물 중독 등이 문자 그대로 그 사람을 대신해서 인생을 결정해 버린다.

그러나 빈곤층 사람들이 선택할 수 있도록 기술이나 규칙 또는 차이differences를 그들에게 알려주는 것이 교육자의 의무다. 현재 상당수 빈곤층 시민에게 선택은 결코 존재하지 않는다.

5세 이하 아동 빈곤율 | 거주 환경 기준(2006년)

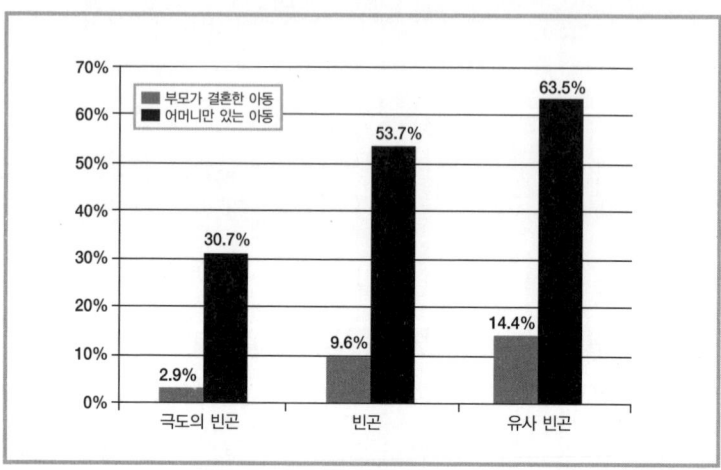

- 부모가 결혼한 아동
- 어머니만 있는 아동

극도의 빈곤: 2.9% / 30.7%
빈곤: 9.6% / 53.7%
유사 빈곤: 14.4% / 63.5%

출처: 미국 인구조사국과 노동통계국, 「2007년 인구 통계 조사」.

가구소득(2006년)

(단위: 달러)

집단	평균 가구 소득 범위
최하 20%	0-19,178
둘째 20%	19,179-36,000
셋째 20%	36,001-57,658
넷째 20%	57,659-91,705
최고 20%	91,706 이상
최상위 5%(최고 20% 중에서)	166,000 이상

출처: 미국 인구조사국과 노동통계국, 「2007년 인구 통계 조사」.
주: 미국 인구조사국은 매년 전년도의 소득과 빈곤 자료를 발표한다.

성별 및 교육 수준에 따른 미국 25세 이상 중간소득(2006년)

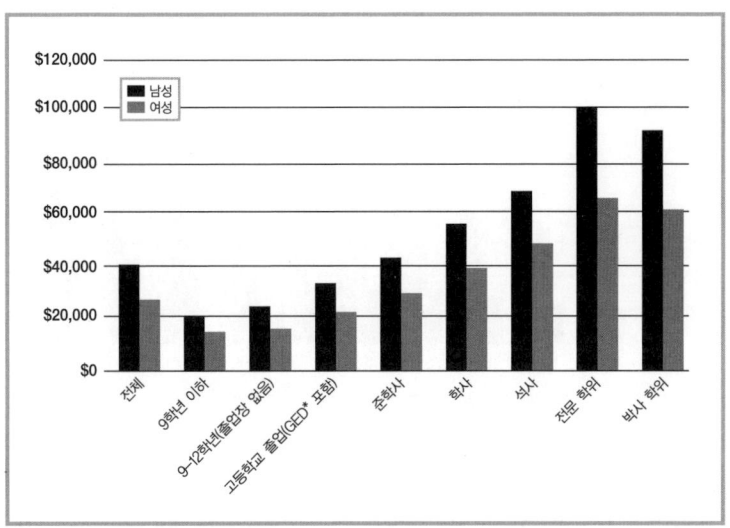

교육 수준	소득 있는 사람 수 (단위: 천 명)		2006년 중간 소득 (단위: 달러)	
	남성	여성	남성	여성
전체	71,657	62,412	40,837	27,337
9학년 이하	3,207	1,596	21,079	14,455
9–12학년(졸업장 없음)	5,311	3,219	24,092	15,162
고등학교 졸업(GED* 포함)	21,810	17,751	33,074	21,609
준학사	5,990	7,071	42,462	29,091
학사	14,989	14,100	55,425	38,221
석사	5,439	5,547	67,992	47,586
전문 학위	1,658	900	100,000	65,107
박사	1,405	672	91,051	60,448

출처: 미국 인구조사국, 「2007년 인구 통계 조사」, 《2007년 연간 사회/경제 부록》.
* GED: 검정고시와 비슷한 제도를 말한다(옮긴이).
주: 미국 인구조사국은 매년 전년도의 소득과 빈곤 자료를 발표한다.

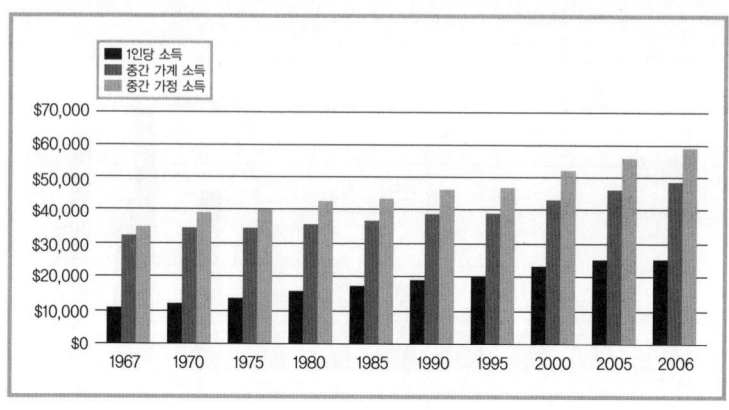

미국 1인당 소득, 중간 가계 소득, 중간 가정 소득(1967~2006년)

연도	1인당 소득	중간 가계 소득	중간 가정 소득
2006	25,267	48,451	58,526
2005	25,035	46,242	55,832
2000	22,970	43,162	52,148
1995	19,871	39,306	46,843
1990	18,894	39,324	46,429
1985	17,280	37,059	43,518
1980	15,844	36,035	42,776
1975	13,972	34,980	39,784
1970	12,543	35,232	39,954
1967	11,067	32,783	35,629

출처 : 미국 인구조사국, 「2007년 미국 공동체 조사」.

빈곤선에 못 미치는 시민 비율(인종과 민족에 따른 구분, 1976~2006년)

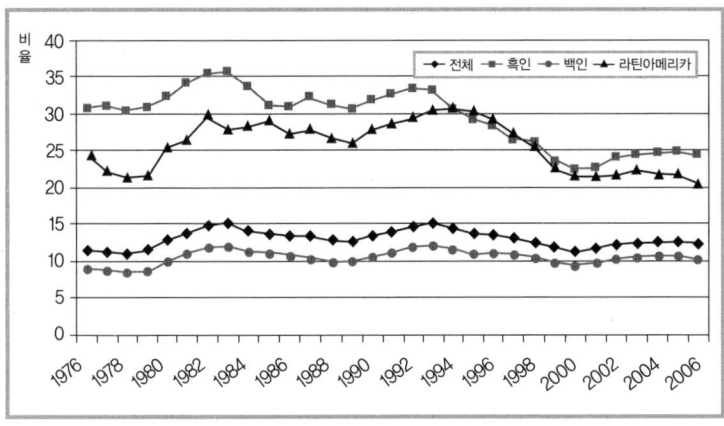

연도	전체	흑인	백인	라틴아메리카	연도	전체	흑인	백인	라틴아메리카
2006	12.3	24.3	10.3	20.6	1990	13.5	31.9	10.7	28.1
2005	12.6	24.9	10.6	21.8	1989	12.8	30.7	10.0	26.2
2004	12.7	24.7	10.8	21.9	1988	13.0	31.3	10.1	26.7
2003	12.5	24.4	10.5	22.5	1987	13.4	32.4	10.4	28.0
2002	12.1	24.1	10.2	21.8	1986	13.6	31.1	11.0	27.3
2001	11.7	22.7	9.9	21.4	1985	14.0	31.3	11.4	29.0
2000	11.3	22.5	9.5	21.5	1984	14.4	33.8	11.5	28.4
1999	11.9	23.6	9.8	22.7	1983	15.2	35.7	12.1	28.0
1998	12.7	26.1	10.5	25.6	1982	15.0	35.6	12.0	29.9
1997	13.3	26.5	11.0	27.1	1981	14.0	34.2	11.1	26.5
1996	13.7	28.4	11.2	29.4	1980	13.0	32.5	10.2	25.7
1995	13.8	29.3	11.2	30.3	1979	11.7	31.0	9.0	21.8
1994	14.5	30.6	11.7	30.7	1978	11.4	30.6	8.7	21.6
1993	15.1	33.1	12.2	30.6	1977	11.6	31.3	8.9	22.4
1992	14.8	33.4	11.9	29.6	1976	11.8	31.1	9.1	24.7
1991	14.2	32.7	11.3	28.7					

출처: 미국 인구조사국, 2007년 발표된 2006년 데이터.

연구 노트

저자 주: 여기에서 소개하는 연구 노트는 책 내용과 연관 있는 자료를 취합한 것이다. 인용문과 출처는 참고 도서 목록을 대체하는 것이 아니라 보충하기 위한 것이다. 또 교육 분야의 예리한 연구가들의 의견을 빌려 이 책의 주요 전제를 뒷받침하기 위한 것이기도 하다. 이 책이 북미 지역의 생존 문화를 더 깊이 연구하는 데 도움이 되었으면 한다.

A Framework *for* Understanding Poverty

들어가는 말

- 어떻게 해야 이 고리를 끊어버릴 수 있을까? 부모, 특히 어머니를 교육해야 한다. "어머니들의 교육 수준이 아이의 교육 성과에 가장 큰 영향을 미친다."
  - Lewis, Anne C. "Breaking the Cycle of Poverty." *Phi Delta Kappan*. November 1996. Volume 78. Number 3. p. 186.

- 메이어Mayer는 연구 자료들을 검토하여 부모의 소득과 아동의 성과를 연관 지으려 했다. 좋은 성과로는 뛰어난 시험 점수, 24세에 직장에 들어가 (또는 대학에 남아) 고소득 올리기 등이 있었다. 나쁜 결과로는 고등학교 중퇴하기와 미혼모 되기가 있었다. 물론 중산층 부모를 둔 아이들이 빈곤층 부모를 둔 아이들보다 결과가 나았다.
  - Samuelson, Robert J. "The Culture of Poverty." *Newsweek*. May 5, 1997. Volume 129. Number 18. p. 49.

- 밴필드Banfield는 상황에 따른 가난에 처한 것을 이렇게 묘사했다. '돈이 부족한 집단, 즉 장애인, 미취업자, 홀로 아이 기르는 어머니 등으로 구성된 사람들.' 이들은 중산층 가치관을 따르고 정부 소득 보조의 혜택을 받는다면 대개 난관(퇴직이나 이혼)에서 벗어날 수 있다.
  - 같은 자료.

- 대가족 : 대가족에서 벗어나면 자기 인생을 더 자기 뜻대로 할 수 있다고 느끼기 쉽지만 "소중한 사람들과 나누던 정을 잃어버렸다는 생각에 위협을 느끼기도 한다."
  - Sennett, Richard, and Cobb, Jonathan. *The Hidden Injuries of Class*. London/Boston: Faber and Faber, 1993. First published in U.S.A. in 1972 by

Alfred A. Knopf, New York, NY. p. 110.

- 20세기 초반 즈음에 알려진 바에 따르면 "수많은 아이들이, 아버지가 죽거나 아이를 버렸기 때문에 궁핍했다."
  – Mayer, Susan E. *What Money Can't Buy*. Cambridge, MA: Harvard University Press, 1997. p. 21.

- 미국의 아동 빈곤율은 다른 선진국과 비교하면 높다. 1980년대 중반 자료는 다음과 같다(가장 최근 자료).
  1.6% – 스웨덴
  2.8% – 독일
  4.6% – 프랑스
  7.4% – 영국
  9.3% – 캐나다
  20.4% – 미국
  (미하원 세입위원회(House Ways and Means Committee), 1993, p. 1453)
  – 같은 책, p. 39.

- 부모의 교육 연수가 늘어날수록 자녀의 성과도 나아진다.
  – 같은 책, p. 153.

- 1987~96년까지 한 해도 빠짐없이 1,200만에서 2,400만에 이르는 (바꿔 말하면 다섯 명 중 한 명) 아이가 가난하게 살았다.
  – Brooks-Gunn, Jeanne, Duncan, Greg J., and Maritato, Nancy. Poor Families, Poor Outcomes: The Well-being of Children and Youth. Duncan, Greg J., and Brooks-Gunn, Jeanne, Editors. *Consequences of Growing Up Poor*. New York, NY: Russell Sage Foundation, 1997. p. 1.

- 아동 빈곤율 증가의 한 가지 중요한 원인은 혼자 아이를 기르는 사람이 증가한다는 점이다. 이는 부부가 이혼하거나, 결혼하지 않고 아이를 낳기 때문이다.
  1990 : 흑인 여성의 3분의 2, 그리고 백인 여성의 19%가 결혼과 무관하게 아이를 갖고 있었다(Ventura, 1995).
   - 같은 책, p. 4.

- "아동 빈곤율은 부모 중 한쪽하고만 살아가는 아이들의 경우 더 높은데, 이런 아이들의 경우 미취업률이 특히 높고, 혼자 아이를 기르는 엄마들이 젊은데다가 고등학교를 졸업하지 못해서 취업률이 낮기 때문이다."
   - 같은 책.

- "부모가 이혼한 아동은 빈곤율이 높은데, 이는 특히 이혼 이후 양육권 있는 어머니에게 들어오는 소득이 급격히 줄어들기 때문이다 (McLanahan and Sandefur, 1994; Duncan, 1991, Chapter 3)."
   - 같은 책.

- 이혼율이 재혼율보다 높기 때문에 혼자 자녀를 기르는 어머니들이 늘어났다.
   - 같은 책.

- 아프리카계나 라틴아메리카계 아이는 백인 아이보다 가난할 확률이 높다. 이 아이들은 또 더 오랫동안 가난할 가능성이 많다.
   - 같은 책, p. 5.

- "어머니의 교육은 아이의 성취를 결정하는 강력하고 지속적인 예측 인자다. 5세 때 실시한 지능 지수 점수나 19~20세 때 고등학교 졸업률을 보면 이를 알 수 있다(Duncan, Brooks-Gunn, and Klebanov, 1994; Haveman and Wolfe, 1995)." 어머니의 교육이 가족 소득보다 더 크게 영향을 미치는지 여부는 불분명하다.
  - 같은 책, p. 13.

- "편모 가정이 많아지는 추세가 아동 빈곤의 근인으로서 의심할 여지없이 점차 중요하게 떠오르기는 하지만, 이곳에 제시한 역사적 분석에 따르면 아버지가 취업이 불안정하고 소득이 적다는 점이 아동 빈곤의 추세와 수준의 1차적 요인으로 지속적으로 작용했다. 이는 우선 아버지가 가족 소득에 직접적으로 영향을 미치기 때문이고, 또 어머니만 있는 가정 증가에도 간접적으로 연관되기 때문이다. 이 분석에 따르면 어머니의 취업 여부가 아동 빈곤의 수준과 추세를 결정하는 데 점진적으로 중요한 요인이 되었다. 직접적으로는 어머니들이 가족 소득에 영향을 미치기 때문이고, 간접적으로는 취업 상태에 따라 별거와 이혼이 쉬워지기도 하기 때문이다."
  - Hernandez, Donald J. Poverty Trends. Duncan, Greg J., and Brooks-Gunn, Jeanne, Editors. *Consequences of Growing Up Poor*. New York, NY: Russell Sage Foundation, 1997. p. 33.

- "시기를 막론하고 미국의 편모 가정 가운데 약 절반이 가난하다." … "편모 가정 가운데 약 절반이 1년간 생활 보조금을 받고, 무시할 수 없는 비율이 상당 기간 동안 보조금을 받는다."
  - McLanahan, Sara E. Parent Absence or Poverty: Which Matters More? Duncan, Greg J., and Brooks-Gunn, Jeanne, Editors. *Consequences of*

Growing Up Poor. New York, NY: Russell Sage Foundation, 1997. p. 35.

- "엄마가 결혼하지 않았거나 이혼한 아이는 그렇지 않은 아이와 비교해서 빈곤율이 두세 배 높다."
  - Smith, Judith R., Brooks-Gunn, Jeanne, and Klebanov, Pamela K. Consequences of Living in Poverty for Young Children's Cognitive and Verbal Ability and Early School Achievement. Duncan, Greg J., and Brooks-Gunn, Jeanne, Editors. *Consequences of Growing Up Poor.* New York, NY: Russell Sage Foundation, 1997. p. 135.

- "오랫동안 가난하게 산 아이일수록 고등학교를 졸업할 확률이 낮고, 교육 기간이 짧으며, 소득도 적다."
  - Teachman, Jay D., Passch, Kathleen, M. Day, Randal D., and Carver, Karen P. Poverty During Adolescence and Subsequent Educational Attainment. Duncan, Greg J., and Brooks-Gunn, Jeanne, Editors. *Consequences of Growing Up Poor.* New York, NY: Russell Sage Foundation, 1997. p. 383.

- "청소년기 중 1~3년 동안 빈곤선 이하의 가정에서 생활하는 아이들은 가난하게 산 적이 없는 아이들과 비교해서 고등학교 졸업률이 약 60% 낮았다. 청소년기 중 4년간 빈곤선 이하에서 생활한 아이들은 고등학교 졸업률이 약 75% 낮았다. … 평균적으로 청소년기 중 일부 또는 전체를 빈곤 상태로 보내는 아이들은 다른 아이들과 비교해서 교육 기간이 1.0에서 1.75년 짧았다."
  - 같은 책, p. 388.

- "부모의 교육 수준(특히 어머니)은 자녀의 교육 성과와 분명하게 연관되어 있었다(여기에서 말하는 성과란 고등학교 졸업, 대학 등록, 교육 기

간이었다)."
- 같은 책, p. 398.

- "우리가 발견한 바에 따르면 가난은 고등학교 졸업, 대학 입학, 교육 기간에 부정적 영향을 미친다. 하지만 관찰된 관계의 상당 부분이 부모의 교육 수준이나 가족 구성이나 지능 지수 같은 여러 가지 통제 변인의 차이 때문이라고 할 수도 있다. 이러한 변인을 고려하면 청소년기에 빈곤선 이하에서 지낸 기간과 우리가 고려한 교육 성과와는 관련이 없었다."
  - 같은 책, p. 413.

- "가난한 부모는 그렇지 않은 부모와 비교해서 교육 기간이 평균적으로 짧은데, 이것은 부모가 아이들에게 교육을 장려하거나 아이들의 교육을 돕는 데 영향을 미칠 수 있다."
  - Corcoran, Mary, and Adams, Terry. Race, Sex, and the Intergenerational Transmission of Poverty. Duncan, Greg J., and Brooks-Gunn, Jeanne, Editors. *Consequences of Growing Up Poor.* New York, NY: Russell Sage Foundation, 1997. p. 463.

- "부모의 이혼 또는 미혼 때문에 아이가 아동기에 가난하게 지낼 확률이 높아지고, 아이가 심리적으로 고통스러워할 수도 있고, 부모가 아이를 제대로 돌보지 못할지 모르며, 결혼이나 직업과 관련하여 적절한 역할 모델에 제약이 생길 소지도 있다. 이런 요인들은 다시 아이가 성인이 되어 가난하게 살아가는 데 영향을 미칠 확률이 있다."
  - 앞의 책.

- "예를 들어, 가난한 가족은 어머니나 아버지 혼자 가정을 이끌거나, 부모 교육 수준이 낮거나, 부모가 미취업 상태거나, 저임금 시장에 있거나, 이혼했거나, 나이가 어리거나 할 확률도 높다. 이러한 가족 여건은 아이들에게 덜 바람직한 결과와 저소득 사이의 관계에 크게 연관되어 있을지 모른다."
  - Brooks-Gunn, Jeanne, Duncan, Greg J., and Maritato, Nancy. Poor Families, Poor Outcomes: The Well-Being of Children and Youth. Duncan, Greg J., and Brooks-Gunn, Jeanne, Editors. *Consequences of Growing Up Poor*. New York, NY: Russell Sage Foundation, 1997. p. 1.

- "가족 패턴과 개인의 행동에서 나타나는 인구학적 추세, 즉 결혼율과 이혼율의 변화, 미혼 출산율, 미취업률(특히 교육 수준이 낮고 어린 성인들) 등을 보면 빈곤층 아동 비율이 상대적으로 증가하는 까닭을 이해하는 데 도움이 된다."
  - 같은 책, p. 4.

- "1993년 즈음 전체 아동의 22.7%가 가난하다고 공식적으로 분류되었는데, 이는 1960년대 중반 이후 가장 높은 빈곤율이다."
  - Hernandez, Donald J. Poverty Trends. Duncan, Greg J., and Brooks-Gunn, Jeanne, Editors. *Consequences of Growing Up Poor*. New York, NY: Russell Sage Foundation, 1997. p. 18.

- 1993년에 아동의 23%가 아버지 없이 어머니와 함께 살았다. 이 비율은 1940~60년 사이에는 6~8%였는데 1990년에는 20%까지 증가했다. 이는 이혼율이 높아지고 사생아가 많아진 까닭이다.
  - 같은 책, p. 30.

- 1995년에 전체 아동의 45%가 부모 중 한쪽과 떨어져 살았다. 통계에 따르면 1980년대 초반에 태어난 아동 중 50% 이상이 18세가 되기 전에 같은 처지에 도달할 것이다(Bumpass, 1984).
  - McLanahan, Sara E. Parent Absence or Poverty: Which Matters More? Duncan, Greg J., and Brooks-Gunn, Jeanne, Editors. *Consequences of Growing Up Poor.* New York, NY: Russell Sage Foundation, 1997. p. 35.

- "친부모 중 한쪽과 동거하면서 성장한 아이들은 양친과 함께 성장한 아이보다 평균적으로 덜 성공적이다. 이런 차이는 폭넓은 부분에 영향을 미치고 성인이 되어서도 사라지지 않는다."
  (McLanahan and Sandefur, 1994; Haveman and Wolfe, 1991; Cherlin and Furstenberg, 1991; Amato and Keith, 1991; Seltzer, 1994)
  - 같은 책, p. 37.

- 컬럼비아 대학교에 본부를 둔 전국빈곤아동센터NCCP는 1975~94년까지 (6세 이하) 아동의 빈곤율을 추적했다. 이 연구 결과에 따르면 "어린이 빈곤율은 네 명 가운데 한 명에 이를 정도로 증가했고 미국 아동의 거의 50%가 빈곤선에 가깝거나 그 이하에 있다."
  - *Wake Up America: Columbia University Study Shatters Stereotypes of Young Child Poverty.* Internet Web site: http://cpmcnet.columbia.edu/news/press_release/12-11-96.html. December 11, 1996.

- "1994년에 충격적이게도 어린이의 45%가 빈곤하거나 그에 가까운 상태였다(소득이 연방 빈곤선에서 185% 낮았다)"
  - 같은 자료.

- "1975~94년 사이에 어린이 빈곤율은 39%가 증가하여 네 명 중 한 명(25%)이 가난한 상태로 살아갔고, 극빈층에 해당하는 어린이(소득이 빈곤선의 50%에 미치지 못하는) 비율은 6%에서 12%로 두 배가 되었다."
  - 같은 자료.

- "어린이 빈곤율은 백인 아이(38%)가 흑인 아이(19%)보다 두 배 빠르게 증가했다."
  - 같은 자료.

- "부모 중 한쪽이 정규직에 종사하는 전통적인 핵가족에 사는 어린이(부모 모두와 동거)는 가난할 확률이 2.5배만큼 높아졌다. 이들의 빈곤율은 6%에서 15%로 높아졌다."
  - 같은 자료.

- "게다가 가장 가난한 아이들은 일하는 가정에서 사는데, 이는 직업이 있으면 아이가 빈곤하지 않게 살 수 있다는 통념과 다르다. 1994년에는 가난한 어린이의 64%가 적어도 한쪽 부모나 친척이 비정규직이나 정규직으로 일했다."
  - 같은 자료.

- "어린이 빈곤율은 도심 지역(34%)에 비교해서 외곽 지역(59%)이 거의 두 배 빠르게 높아졌다."
  - 같은 자료.

- 미국에서는 청소년이 가장 가난하고, 이들의 수는 점차 늘어나고 있다.
    - "The Poorest Among Us." *U.S. News & World Report.* December 23, 1996. Volume 121. Number 25. p. 18.

- 1994년에 6세 이하 어린이 중 610만 명이 가난하게 살았다. 이 수는 시카고와 로스앤젤레스 인구를 합한 것과 맞먹는다. 이것은 6세 이하 어린이 네 명 가운데 한 명이 가난하다는 뜻이다.
    - 같은 자료.

- "소수 인종 아동이 백인 아동에 비하여 가난할 확률이 훨씬 높기는 하지만 가난한 아동 가운데 3분의 1 이상이 백인이다. 그리고 이 아이들은 흑인들보다 두 배 빠른 속도로 증가하고 있다."
    - 같은 자료.

- "아동 빈곤은 교외 지역에서 가장 빠르게 확산되고 있다. 하지만 도심 지역 아이들은 가난할 확률이 가장 높다. 어떤 도시에서는 40%에 이른다."
    - 같은 자료.

- "부모가 둘 다 있는 가정의 아이들이 점점 가난해진다. 이것은 주로 저임금 직업 때문이다. 그리고 가난한 아이들 가운데 62%의 부모 중 한 명은 적어도 파트타임으로 일한다."
    - 같은 자료.

- 어린이와 청소년을 위한 플로리다 센터Florida Center for Children and

Youth에서 일하는 잭 레빈Jack Levine은 이렇게 말했다. "교육받을 준비가 되지 않은 아이들, 응급실에서 필수 영양분을 섭취하는 아이들, 아이가 문제를 겪지 않도록 가족들이 도와주지 않는 아이들, 이런 아이들은 우리 모두의 문제다."

– 같은 자료.

- 1964년 대통령 연두 교서에서 빈곤과의 전쟁이 선포되었다. 대통령 경제자문위원회는 "가장의 교육 정도와 빈곤 발생은 반비례한다"고 보고했다.

    – Seligman, Ben B. The Numbers of Poor. Penchef, Esther, Editor. *Four Horsemen: Pollution, Poverty, Famine, Violence.* San Francisco, CA: Canfield Press, 1971. p. 93.

- 가난의 원인에는 낮은 교육 수준, 시대에 뒤떨어진 기술, 허약한 신체, 이혼, (처자) 유기, 알코올, 약물이 있다.

    – Dicks, Lee E. The Poor Who Live Among Us. Penchef, Esther, Editor. *Four Horsemen: Pollution, Poverty, Famine, Violence.* San Francisco, CA: Canfield Press, 1971. p. 118.

- "죽음, 이혼, (처자) 유기, 사생私生으로 집안에 생계를 꾸려나갈 남성이 없는 가정이 많은데 이것도 분명히 가난의 한 가지 원인이다."

    – 같은 책, p. 120.

- "애리조나 주 보호 구역에 있는 나바호족은 풍요 속 빈곤과 '보이지 않는 빈자'를 잘 보여주는 사례다. 이들의 사례는 가난의 정의가 어떻게 상황에 따라 달라지는지 보여준다."

- U.S. News & World Report. Where the Real Poverty Is: Plight of American Indians. Penchef, Esther, Editor. *Four Horsemen: Pollution, Poverty, Famine, Violence.* San Francisco, CA: Canfield Press, 1971. p. 155.

● "편부모 가정 증가로 성인과 아동 모두 더 가난해졌다."
- Harrington, Michael. *The Other America.* New York, NY: Simon & Schuster, 1962. p. xv.

● "1980년대 빈곤층 증가의 가장 중요한 요인은 어쩌면 임금 수준이 꾸준히 저하되었다는 점인지도 모른다. 그 때문에 이제 미국에는 이른바 '근로 빈곤층working poor'이라는 집단이 생겨났다. 직업이 있고 열심히 일하며 가족 부양자(때로는 남자, 때로는 여자)로서 생계를 꾸려가려고 필사적으로 애쓰지만 극도로 초라한 소득 때문에 빈곤선 아래로 추락하고 마는 사람들 말이다."
- 같은 책, pp. xv-xvi.

● 가정 생활이 변했다는 설을 뒷받침하는 몇 가지 증거에는 다음과 같은 것이 있다.

"현재 미국에서는 결혼한 부부 두 쌍 가운데 한 쌍이 이혼한다. … 매년 150만 명이 넘는 아이들(거의 미국 전체 아동의 2.5%)이 부모가 헤어지거나 이혼하는 고통스러운 상황을 겪는다."
- Zill, Nicholaus. "The Changing Realities of Family Life." *Aspen Institute Quarterly.* Winter 1993. Volume 5. Number 1. pp. 29-30.

"결혼율은 감소했고, 합법적 결혼을 지양하거나 적어도 미루는 성인 남녀가 점점 늘고 있다."
- 같은 자료.

"사생아 숫자가 증가하고 있다."
- 같은 자료.

"상당수의 성인 여성이 홀로 자녀를 양육하고, 그 가운데 가난하거나 복지 자금에 기대어 사는 사람도 많다. 1991년에는 미국에서 여성이 가장인 가족이 1,100만에 달했고 그 가운데 36%인 420만이 가난했다. 여성이 가장인 가족은 미국에서 가난한 가족 전체의 절반 이상을 차지하는데, 이는 여성이 가장이면서 가난한 가족이 200만 이하였으며 미국에서 가난한 가족 전체의 23%에 불과하던 1959년과 대조된다."
- 같은 자료.

- "아동 빈곤, 복지금 의존, 부상, 질병, 요절, 청소년 임신, 발달 장애 및 정신 장애, 청소년 비행과 폭력 행위, 알코올 중독과 약물 남용에 영향을 미치는 것은 다른 무엇보다도 가족 요인이다. 이런 결과와 원인 사이에 명확한 인과 관계가 늘 성립되지는 않지만, 공공 정책이 가족 요인에 집중해야 한다는 당위성을 입증할 증거는 충분하다."
  - 같은 자료, p. 32.

- "지난 몇 년 동안 미국에서 가족에 관한 걱정과 함께 어린이의 상태를 염려하는 불안이 대중 사이에 싹트기 시작했는데 여기에는 타당한 이유가 있었다. 하지만 '아이들의 문제'는 사실 한 가지가 아니라

여러 가지 서로 다른 문제로서, 서로 다른 과정과 서로 다른 청소년 층이 연관되어 있다. 이런 문제들 가운데 으뜸이면서 가장 심각한 것은 아동 빈곤 또는 '위기에 처한 어린이' 문제다. 여기에서 걱정스러운 점은 오늘날 청소년의 상당수가 좋지 않은 환경에서 성장하면서, 건강하고 책임감 있으며 생산성 있는 사회 구성원이 될 기회를 심각하게 박탈당한다는 것이다."

- 같은 자료, p. 35.

● 「가난의 최근 동향Recent Trends in Poverty」이라는 부분에서 질Zill은 이렇게 썼다. "유년기 가난은 정규직 종사자가 부족한 가정에서, 부모의 성취도 검사 점수가 낮고 교육 수준이 낮은 가정에서, 부모가 어린 가정에서, 소수 인종 가정에서 더 흔하게 발견된다. 연구 결과에 따르면 아동 빈곤 증가는 편부모 가정 증가와 나이 어린 부모(특히 교육 수준이 낮은)의 소득 능력 저하 두 가지 모두에서 비롯된다."

- 같은 자료, p. 37.

● "경제적 여건이 급격히 변했기에, 괜찮은 생활 수준을 보장하고 가난을 피하려면 아이의 부모가 둘 다 일해야 한다. 하지만 이혼과 사생 증가, 그리고 편모가 결혼하거나 재혼하려는 성향 약화 때문에 결혼한 가정에서도 부모와 함께 사는 아이들이 점점 줄어든다. 더욱이 자녀 양육비 지원도 대개는 최소한에다가 불규칙적이다. 실상 가난한 아이 가운데 부모 중 한 명이라도 일하는 사례는 점점 줄어들고 있다. 그러므로 오늘날 가난에 처한 어린이들은 가난에서 벗어나지 못할 확률이 더 높아졌다. 그뿐만 아니라 도심에 사는 가난한 아이들은 고빈곤 지역high-poverty neighborhood에 살면서 발달에 특히 심각한 장

애를 겪기 쉽다."
- 같은 자료.

- "사람들이 대부분 생각하듯이 저소득 가정의 어린이는 가난에 수반되는 또는 가난을 부추기는 여러 가지 조건 때문에 발달 위험에 처하게 된다. 이런 조건에는 이를테면 부모의 낮은 교육 수준, 무질서한 가정, 제한된 기회, 허름한 집, 수준 낮은 학교, 위험한 주변 환경이 있다."
    - 같은 자료, p. 38.

- "미국 경제는 젊은 가족들이 '정직한 방법으로' 좋은 결과를 거두기가 어려워졌다. 기술 발달, 미국 경제의 세계화, 소득과 자산 분배 방식의 변화 때문에 젊은 가족들, 특히 학력이 고등학교 이하인 가족이 가정을 꾸려나갈 만큼 벌기 어려워졌다. 아동 빈곤 확대는 단순히 여성이 가장인 가정이 증가하기 때문만이 아니다. 이러한 추세조차 미국의 젊은 남성, 특히 아프리카 계통이나 라틴아메리카 계통 남성들의 소득 전망이 변했기 때문만은 아니다."
    - 같은 자료, p. 48.

- 저자는 '자유주의 어린이 옹호자들의 선입견에 상충하는' 여러 가지 논지를 편다. 그 중 하나는 이렇다. "오늘날 아이들의 여러 가지 문제는 실상 부모나 아이들 자신의 해로운 행동 양식에서 비롯된다." 자유주의자들은 기회나 자원이 부족하기 때문이 아니라 해로운 행동 양식을 따르기 때문에 오늘날 아이들과 가족들이 문제를 겪게 된다는 보수적인 주장이 진실이라고 인정해야 한다.
    - 같은 자료, p. 49.

제1장 정의 및 자원

- 읽고 쓰는 기술이 없으면 아이는 아마도 '대물림되는 가난의 고리'를 끊어버릴 수 없을 것이다.
    - Lewis, Anne C. "Breaking the Cycle of Poverty." *Phi Delta Kappan*. November 1996. Volume 78. Number 3. p. 186.

- 수전 메이어Susan Mayer는 자신의 책 《돈으로 살 수 없는 것What Money Can't Buy》에서 이렇게 묻는다. "아이가 가난에서 벗어나도록 가족들이 도와주는 데 돈이 얼마나 중요한가?" 그다지 중요하지 않다.
    - Samuelson, Robert J. "The Culture of Poverty." *Newsweek*, May 5, 1997. Volume 129. Number 18. p. 49.

- 다른 연구에서 하버드의 크리스토퍼 젱크스Christopher Jencks와 메이어는 가난한 아이들의 '물질적 복지'가 전보다 개선되었지만 그것이 사회적 조건까지 나아지게 해주지는 못했다고 지적했다.
    - 같은 자료.

- 어떤 시나리오에 나오는 한 등장인물은 가난을 '사람이 이성적으로 행동하고 자제력을 발휘하는 능력을 빼앗아가는 것'으로 보았다. 교육받은 사람은 보통 이것을 해낼 수 있는 것으로 간주된다.
    - Sennett, Richard, and Cobb, Jonathan. *The Hidden Injuries of Class*. London/Boston: Faber and Faber, 1993. First published in U.S.A. in 1972 by Alfred A. Knopf, New York, NY. p. 22.

- 정규 교육으로 얻은 지식은 "상황을 통제하게 되고 삶에서 더 다양한

역할을 맡는 데 힘이 되어 자유를 거머쥘 도구가 된다."
- 같은 책, p. 30.

● 대가족은 :
다음과 같은 점에서, 서로 의지하는 관계의 기반이 된다. (1) 재정 문제나 부부 사이의 문제가 있을 때 친척에게 도움 요청하기. (2) 아이 양육 의무. (3) 집을 사는 것 같은 경제적 논의.
"(대가족은) 도심 지역의 빈민들(백인과 흑인 모두)에게 보호막이 되어주었다."
(대가족은) 도움이 되기도 하지만 개인사에 다른 가족이 늘 끼여들어 걸림돌이 되기도 한다.
- 같은 책, pp.106-107.

● "'부모의 스트레스' 이론에 따르면 가난은 스트레스를 일으키고 스트레스는 부모가 적절하고 효과적으로 양육하는 데 장애가 된다. '역할 모델' 이론에 따르면 저소득층 부모는 사회 계층에서 최하층에 위치하기 때문에 특정한 가치관과 기준과 행동 양식을 받아들이게 되고, 그 탓에 아이들에게 '나쁜' 역할 모델이 된다."
- Mayer, Susan E. *What Money Can't Buy*. Cambridge, MA: Havard University Press, 1997. p. 7.

● 역할 모델 가설 중 논쟁의 여지가 있는 한 가설에서는 '소득 이전 income transfers'이 '빈곤층 문화'에 뿌리 박힌 가치관과 행동을 바꾸게 해주지는 못한다고 주장한다.
- 같은 책, pp. 7-8.

- 아동 빈곤율은 1990년에 19.9%였다(U.S. Bureau of the Census, 1993, tables 736 and 739).
  - 같은 책, p. 39.

- 돈으로는 물건과 서비스와 경험을 살 수 있다.
  - 같은 책, p. 98.

- "부모의 소득은 몇몇 사회과학자들이 생각한 만큼 아이들의 성과에 중요하지는 않다. 이렇게 되는 까닭은 부모의 고용주들이 중시하고 따라서 기꺼이 대가를 지불하려고 하는 부모의 특성들, 이를테면 기술이나 근면이나 정직이나 건강이나 신뢰성 등이 부모의 소득에도 영향을 미치지만 아이들의 기회 증가에도 영향을 미치기 때문이다."
  - 같은 책, pp. 2-3.

- 어떤 가정이 '단기간의 가난'을 경험할 때 가족들이 가치관을 바꿀 가능성은 희박하다.
  - 같은 책, p. 52.

- 소득은 아이의 복지에 영향을 미친다. 또 부모가 자녀에게 더 안전한 가정 환경을 제공하고, 아이가 더 나은 학교와 공원과 도서관에 가고, 고등교육을 받으며, 더 나은 건강 관리를 받고, 건강과 발달에 이로운 다른 것들을 누리도록 하는 데 도움이 된다.
  - Brooks-Gunn, Jeanne, Duncan, Greg J., and Maritato, Nancy. Poor Families, Poor Outcomes: The Well-being of Children and Youth. Duncan, Greg J., and Brooks-Gunn, Jeanne, Editors. *Consequences of Growing Up Poor.* New York, NY: Russell Sage Foundation, 1997. p. 14.

- "한 촉망받는 연구 분야에서 아이의 정서적 복지와 가난을 연관짓기 시작했다(McLeod and Shanahan, 1993)." "엘더 등Elder et al.(1992년)은 경제적 손실이 양육 방식 변화와 연관되며, 아이의 정서적 복지에 부정적 결과를 야기한다고 증명했다. 가난과 연관된, 학습 자원 부족과 가정의 스트레스는 아마도 아이가 고등학교를 중퇴할 확률이 높아지는 요인일 것이다."

  – Haveman, Robert, Wolfe, Barbara, and Wilson, Kathryn. Childhood Poverty and Adolescent Schooling and Fertility Outcomes: Reduced-form and Structural Estimates. Duncan, Greg J., and Brooks-Gunn, Jeanne, Editors. *Consequences of Growing Up Poor.* New York, NY: Russell Sage Foundation, 1997. p. 415.

- "특히 동네와 학교의 특징이 아이의 지적 발달에 영향을 미치기 쉽다(Snow et al., 1991; Wilson, 1987)." "동네 및 학교와 관련하여 가족들이 어떤 결정을 하느냐에 따라 아이들이 집 밖에서 교류하는 사회 환경이 달라진다. 이런 사회적 교류 패턴은 청소년들이 계속해서 교육받아야 할지 결정할 때 영향을 미친다(Crane, 1991; Mayer, 1991c; Mayer & Jencks, 1989)."

  – 같은 책.

- "베커Becker(1981년)에 따르면, 가족들은 아이들의 인적 자본에 투자하는 것과 현재 필요한 일에 쓰는 것 두 가지에 자원을 분배한다. 가난한 부모들은 생존을 위해 자원을 대부분 써버릴 것이고, 아이의 인적 자본에 투자할 에너지나 시간이나 돈은 거의 남지 않을 것이다."

  – Corcoran, Mary, and Adams, Terry. Race, Sex, and the Intergenerational Transmission of Poverty. Duncan, Greg J., and Brooks-Gunn, Jeanne, Editors.

Consequences of Growing Up Poor. New York, NY: Russell Sage Foundation, 1997. p. 462.

- "가난한 부모는 '좋은' 동네(다시 말해서 우수한 학교와 좋은 역할 모델이 있는 안전한 동네)에 거주할 여유가 비교적 없을 것이고 직업 관련 인맥도 적을 것이다(Loury, 1981; Coleman, 1990)."
  - 같은 책.

- "로리Loury(1981년), 메이시Massey(1991년), 윌슨Wilson(1987, 1991a, 1991b, 1993년)은 '좋은' 동네에 사는 능력(그리고 아이의 사회적 자본을 축적해 줄 능력)이 가난하고 소수 인종인 부모들에게 더 제약되는데 그 까닭이 '기호', 역사적 주거 차별, 현재의 주거 차별 때문이라고 주장했다."
  - 같은 책.

- "부모의 이혼 또는 미혼 때문에 아이가 아동기에 가난하게 지낼 확률이 높아지고, 아이가 심리적으로 고통스러워할 수도 있고, 부모가 아이를 제대로 돌보지 못할지 모르며, 결혼 및 직업과 관련하여 적절한 역할 모델에 제약이 생길 소지도 있다. 이런 요인들은 다시 아이가 성인이 되어 가난하게 살아가는 데 영향을 미칠 확률이 있다."
  - 같은 책, p. 463.

- 윌슨Wilson은 자신이 기록한 연구 자료에서 이렇게 강조했다. "일하는 부모와 직업 있는 이웃들은 아이에게 직업 관련 역할 모델이 되어주고, 중산층 이웃은 사회화 촉진자이자 '사회 통제'의 원천으로서

중요하다."
- 같은 책, p. 464.

- "저소득과 기타 경제적 난관 때문에 가정의 정서적 분위기가 나빠지면 아이의 자긍심이 낮아질 가능성이 있다. 경제적 자원이 부족하여 결혼 관계에 영향을 미치면 이것이 다시 부모와 자녀 사이의 관계나 자긍심 저하와 같은 부정적 문제로 이어질 소지가 있다."
  - Axinn, William, Duncan Greg J., and Thorton, Arland. The Effects of Parent's Income, Wealth, and Attitudes on Children's Completed Schooling and Self-Esteem. Duncan, Greg J., and Brooks-Gunn, Jeanne, Editors. *Consequences of Growing Up Poor.* New York, NY: Russell Sage Foundation, 1997. p. 521.

- 보이드Boyd[14]는 자동차가 없는 사람의 사례로 쓰였다. 보이드와 아내는 택시를 타거나 자기들을 병원까지 데려다줄 이웃을 찾아야 했다. 아들이 심한 천식 발작을 일으켜 무료 진료를 받아야 했기 때문이다. 이들은 아들의 발작이 심각했으므로 (복지 자금으로) 집에 전화기를 놓을 수 있었지만 전화비를 감당할 여유가 없었다.
  - Dicks, Lee E. The Poor Who Live Among Us. Penchef, Esther, Editor. *Four Horsemen: Pollution, Poverty, Famine, Violence.* San Francisco, CA: Canfield Press, 1971. p. 122.

- 저자에 따르면 중산층 시민은 관료 체제 때문에 생기는 문제에 처할 때 "도움과 시정에 필요한 적절한 수단을 찾아내는 데 비교적 어려움을 덜 느낀다." 반면 전형적인 빈민가 주민은 사회적·경제적 문제가 뒤엉켜 있어서 여러 정부 기관이나 사설 기관의 도움이 필요하다. 그

14 인용된 책 《네 기수》에 나오는 사례다.

뿐만 아니라 복잡한 정부 구조에서 자신의 문제가 어디에 해당하는지 찾아내지도 못할 것이다. 더욱이 공공 프로그램에 따라 제공받을 수 있는 자신의 권리와 기회를 모르고, 당국이나 사설 기관에서 필요한 지침을 얻지 못할 수도 있다.

- Ritchie, Barbara. What Can Be Done. Penchef, Esther, Editor. *Four Horsemen: Pollution, Poverty, Famine, Violence.* San Francisco, CA: Canfield Press, 1971. p. 169.

● 저자는 자신이 처음에 개설한 은행에서 다른 은행으로 수표 계좌를 이전하려고 했을 때 겪은 어려움을 기술한다. 저자는 원래 친구(출판사 대표)가 자신의 거래 은행에 저자를 데리고 가서 은행 대표와 만나게 해주었기 때문에 계좌를 개설할 수 있었다. 출판사 대표가 저자를 알았기 때문에 개설할 수 있었던 것이다. 저자는 신용카드도 없고 운전 면허증도 없었는데, 이번에도 오직 은행 대표를 안다는 이유로 통장을 이전할 수 있었다.

- Capponi, Pat. *Dispatches from the Poverty Line.* Toronto, Ontario, Canada: Penguin Books, 1997. pp. 82-85.

● 저자와 인터뷰한 사람 가운데 한 사람은 이렇게 말한다. "정서적으로 지지받지 못하는 사람들, 가족과 친구가 없는 사람들을 생각하면 정말 마음이 아파요."
-같은 책, p. 134.

● 리사는 자기가 열셋이었을 때 선택한 친구들을 설명하면서 말했다. "그 애들은 리젠트 파크나 돈마운트 코트 같은 정부 주거 프로젝트 주택에 살았어요. 밤 늦게까지 클럽에서 춤추고 술 마시고 약을 하는

아이들이었죠. 무슨 일을 하고 돌아다니는지 거짓말해야 하는 아이는 저뿐이었어요. 다들 어머니가 하루 종일 일하느라 지쳐서 규칙을 정해주고 그걸 지키게 할 여력이 없거나, 밤 근무조로 일하는 간호사였거나 그랬어요. 아버지와 같이 사는 애는 없었던 거 같아요."

– 같은 책, pp. 175–176.

- 리사는 10학년 때 학교를 그만두고 일자리를 구했다. "물론 제가 구할 수 있었던 일이라고는 서비스 관련 저임금 업종뿐이었어요. 자신감을 키우는 데 눈곱만큼도 도움이 안 되는 곳이요."

  – 같은 책, p. 176.

- "하지만 그들의 유머와 여유는 비참한 환경에 짓눌려 있었다. 내가 기억하는 어느 가족은 신발이 모자라서 아이들을 학교에 보내지 못했다. 또 다른 가족은 아이들이 서로 신발을 전달해 가면서 신어서 적어도 하루에 두 명은 학교에 갈 수 있게 했다."

  – Harrington, Michael. *The Other America*. New York, NY: Simon & Schuster, 1962. p. 99.

- 코네티컷 주의 뉴헤이븐에서 난교에 빠져 있던 두 소녀의 사례가 나왔다. "1반(부자 학급)에 있던 아이는 체포되자마자 당장 보석금을 지불하고 나서 신문 기사가 저지되었으며 개인 심리 치료도 받았다. 5반(가난한 학급)에 있던 아이는 소년원에 들어갔다. 그 아이는 2년 후에 가석방되었으나, 곧 다시 체포되어 주정부 소년원에 들어갔다."

  – 같은 책, p. 128.

- "중산층이었다면 이웃에게 충격을 주고 그에 따른 대우를 받게 될 만한 행동이 슬럼가에서는 정상으로 간주될 때가 많다. 누군가 쉬지 않고 취해 있고 폭력적으로 굴어도, 또는 아내를 잔혹하게 때려도, 사람들은 그저 '좀 이상한 사람이긴 해' 라고 말할 뿐이다. 중산층이나 상류층이었다면, 누군가 그런 문제가 있을 때 스스로 (또는 가족이) 자신에게 문제가 있다는 점을 깨달을 것이다. 그리고 도움을 받는 데 필요한 지식과 돈이 있을 것이다."
    - 같은 책, p. 129.

- "그리고 마지막으로, 가난한 가족은 다른 가난한 가족들과 꼭 붙어산다. 혹시라도 어떤 집에 잠시 평화가 찾아오면, 다른 가족들이 다투고 싸우는 온갖 소리가 들려온다. 온 블록의 주민들이 라디오와 텔레비전에서 무엇을 시청하는지 훤히 알 수 있다. 이곳의 삶은 공동체 생활이 아니라 공동 생활이다."
    - 같은 책, p. 136.

- "한마디로 이 나라에서, 가난하다는 것은 삶의 한 가지 측면이 아니라 삶 자체다. 하나의 유기체로서, 가난은 하나의 문화다. 가족 차원에서도 가난은 똑같은 특성을 보인다. 이 사람들은 교육받지 못했고 기술이 부족하며, 건강이 좋지 않고, 주거 환경이 나쁘며, 성취욕은 낮고, 정신적 고통은 높은 이들이다."
    - 같은 책, p. 162.

- "지난 30년간 미국 가정의 생활 양식은 극심하게 변했다."
    - Zill, Nicholaus. "The Changing Realities of Family Life." *Aspen Institute Quarterly*. Winter 1993. Volume 5. Number 1. p. 39.

- "전국아동위원회National Commission on Children가 인터뷰한 저소득층 아이들, 특히 도심 지역 아이들은 부유한 아이들에 비해 자신의 안전을 훨씬 더 걱정할 확률이 높고, 사회적 지원을 훨씬 덜 누리기 쉬우며, 주위에서 안전한 자원을 얻을 수 있다고 생각하지 않을 소지가 많다."
  - 같은 자료, p. 38.

- '나는 기도한다. 신에게 이야기한다. 이렇게 말한다. "신이여, 당신이 하실 일은 이것입니다. 밤이면 저를 쉬게 하시고 아침이면 일어나게 해주세요."'
  - Kozol, Jonathan. *Amazing Grace*. New York. NY: Crown Publishers, 1995. p. 169.

- "우수한 유치원과 초등학교의 혜택을 본 아이들은 선발 고등학교 selective high school에 들어가기에 훨씬 유리하다. 하지만 더욱 중요한 요인은 부모의 교육 수준과 사회 계층인 듯하다. 이렇게 되는 까닭은 시스템이 부모의 역할에 의존하기 때문이다. 가장 가난한 부모들은 (이들 자신도 낮은 교육 수준의 결과일 때가 많은데) 적대적이고 위협적일 때도 많은 상황에서 정보 접근 능력과 탐색 기술이 부족하여 자녀가 더 나은 학교에 관심을 기울이게 하고, 지원 자격을 얻으며, (아마도 좀 더 중요한 것으로) 자녀가 필요한 시험에 준비하도록 도와주고 그런 뒤에 초등학교에서 추천장을 받아내는 일을 하지 못한다. 따라서 가난한 흑인 동네에서조차, 장애물을 뛰어넘어 입학하는 아이들은 그나마 덜 가난하고 더 교육받은 부모의 아이일 확률이 높다."
  - Kozol, Jonathan. *Savage Inequalities*. New York, NY: Harper Perennial, 1991. p. 60.

제2장 언어와 이야기의 역할

- "복지 기금에 의존하거나 거의 의존하는 사람들이 겪는 문제의 핵심은 가장 우선적으로 가르쳐야 할 것, 즉 '언어'를 학교가 제대로 가르치지 못한다는 점이다. 아이들은 반드시 읽고 쓰고 말하고 듣는 방법을 배워야 한다."
  - Lewis, Anne C. "Breaking the Cycle of Poverty." *Phi Delta Kappan*. November 1996. Volume 78. Number 3. pp. 186-187.

- 어떻게 해야 이 고리를 끊어버릴 수 있을까? 분만실에서부터 교양 교육을 시작하라. 인지 연구와 유아 발달 연구에 따르면 "초기의 언어 자극(태어나는 순간부터)이 뇌 발달과 이후의 학습 성공에 영향을 미친다." 가난한 젊은 부모들이 자녀의 언어 능력을 길러내도록 도와줄 '지원망'이 필요하다.
  - 같은 자료, p. 187.

- 우리 어머니는 그 엉성한 영어로 부당한 일들을 거의 바로잡지 못했으나, 그래도 시도했다.
  - Rodriguez, Luis J. *Always Running*. New York, NY: Simon & Schuster, 1993. p. 21.

- 선생들은 라노Rano를 지진아들이 있는 학급에 배치했다. 그가 영어를 그다지 잘하지 못했기 때문이다.
  - 같은 책.

- 저자는 자기가 학교에 갔을 때 영어를 하지 못했기 때문에 학급 뒤쪽에 앉아서 블록을 가지고 놀아야 했다고 말한다.
  - 같은 책, p. 26.

- 저자는 오해받고 싶지 않아서 질문도 잘 하지 않았다.
  - 같은 책, p. 27.

- "사실 나는 문학에 관해서는 아무것도 몰랐다. 나는 두 언어 사이의 골에 빠져버렸다. 스페인어는 초등학교 저학년 때 강제로 지워야 했고, 영어도 그다지 제대로 배우지 못했다.
  이것이 수많은 멕시코계 사람들의 난관이었다.
  우리는 거의 소통이 안 된다고 해도 좋을 정도였으나 생각은 여전히 명료했다. 우리는 느끼고, 감지하고, 이해한 것을 전달했다. 때로는 단어를 재배치하고, 새로운 의미와 구조를 만들어내기도 했다. 심지어 새 단어까지. 종종 우리의 대화는 시로 타올랐다.
  우리의 표현력은 강하고 생동감 있었다. 이것을 잘 길러낼 수만 있다면, 여기에 언어 기술만 더할 수 있다면, 어떤 소통의 장벽도 돌파할 수 있을 터였다. 우리는 언어에서 승리를 쟁취하고, 그 토대로 자긍심을 만들어야 했다.
  하지만 우리는 시작부터 패배할 때가 많았다."
  - 같은 책, p. 219.

- "한 소녀는 자기가 '적절한' 영어라고 생각하는 것을 말했을 때 반 친구들에게 비웃음을 사고 거부당했던 이야기를 에세이로 썼다. 반 아이들은 소녀에게 '백인처럼 군다'고, '아프리카 출신이라는 것을

부정한다'고 욕했다. 이 때문에 소녀는 매우 속이 상했다."
- Fox, Steven. "The Controversy over Ebonics." *Phi Delta Kappan*. November 1997. Volume 79. Number 3. p. 239.

● 심리학자들에 따르면 기본 언어 패턴은 매우 이른 시기에 형성되고, 기본 언어 구조는 5세가 되면 확고하게 자리잡는다. 우리는 어쩌면 우리 지식 체계 가운데 가장 복잡한 체계인 언어를, 규정이 아니라 모방으로 배운다. 즉 우리는 먼저 문장을 만들고 언어의 패턴을 따라가는 방법을 배운 지 한참 후에야 문법이나 구문 규칙을 명확하게 언급할 수 있게 된다(물론 아예 그렇게 하지 못할 수도 있다). 어린 시절에 저지르던 실수들은 누군가에게 지도 받지 않아도 대개는 표준 형태로 대체된다. 어른이 쓰는 언어를 아이들이 듣고 배우기 때문이다. 표준 호주어SAE가 사용되는 환경에 있는 아이들은 스스로 그 방언 패턴을 발전시킬 것이고 그것도 매우 이른 시기에 그렇게 할 것이다.
- 같은 책, p. 240.

제3장 각 계층의 불문율

● 메이어에 따르면 미국은 "가난한 아이들의 물질적 복지를 개선하는 일과…아이들 부모의 도덕성을 개선하는 일 사이에서 200년간 갈팡질팡했다."
- Samuelson, Robert J. "The Culture of Poverty." *Newsweek*. May 5, 1997. Volume 129. Number 18. p. 49.

● '복지 개선'의 성공은 복지 기금 지급 건수의 감소가 아니라 10대의

임신 감소, 안정된 결혼 사례 증가, '더 나은 집'에 사는 아이들 증가에 달려 있다.
- 같은 자료.

- "메이어는 이렇게 적었다. '부모의 고용주들이 중시하고, 따라서 기꺼이 대가를 지불하려고 하는 부모의 특성들, 이를테면 기술이나 근면함이나 정직이나 건강이나 신뢰성 등은 부모의 소득에도 영향을 미치지만 아이들의 기회 증가에도 영향을 미친다. 이런 자질이 있는 부모를 둔 아이들은 부모가 많이 벌지 못해도 잘 해낸다.'"
    - 같은 자료.

- '중산층 물건' 참조.
    - Sennett Richard, and Cobb Jonathan. *The Hidden Injuries of Class*. London/Boston: Faber and Faber, 1993. First published in U.S.A. in 1972 by Alfred A. Knopf, New York, NY. p. 18.

- 이야기/시나리오 속의 한 등장인물은 '중산층 생활 규칙'을 안다.
    - 같은 책, p. 21.

- 왓슨 스쿨Watson School의 아이들은 학교에서 보내는 시간이 '살아 있는 시간'이라고 느끼지 않았다. 오히려 공부를 마치고 가서 '자기 자신'이 될 수 있을 때 '생기가 돌았다.' 직장에 있는 성인들도 자신의 직업을 비슷한 관점으로 보았다. 예를 들어, 어떤 사람은 "직업은 그저 먹고사는 데 필요한 돈을 버는 것이고, 내게 의미 있는 것들은 집에 있다…가족과 사람들과…이웃들에"라고 말했다.

- 같은 책, p. 93.

- 대다수 사람들에게 목표는 이러했다. "물질적인 것은, 복잡하고 다채로우며 타인이 쉽게 파악할 수 없는 내적 자아를 만들기 위한 수단이다. 그러한 심리적 갑옷을 입지 않으면 계급 사회라는 틀 속에서 조금이나마 자유를 얻지 못하기 때문이다."
  -같은 책, p. 258.

- 가난한 아이가 부유한 아이보다 더 자주 실패하는 이유에 관한 이론. (1) "현재를 중시하고 운명론적이며 꿈이 없는 부모는 자녀도 똑같은 어른으로 키운다. 두 세대 다 무직에, 가난하기 십상이다." (2) 물질적 곤궁과 부모의 스트레스가 원인으로 작용한다. 기본 욕구가 충족되지 않으면 아이가 다른 아이들과 경쟁할 수 없기 때문이다.
  - Mayer, Susan E. *What Money Can't Buy*. Cambridge, MA: Harvard University Press, 1997. p. 16.

- 각 그룹이 정의하는 계층은 다음과 같다. 밑바닥에 있는 사람들은 계층을 돈의 양으로 정의한다. 중산층 사람들은 돈만큼이나 교육과 직업을 중시한다. 부유층 사람들은 '취향, 가치, 생각, 스타일, 행동'을 강조한다. 돈이나 교육이나 직업과 무관하게.
  - Fussel, Paul. *Class*. New York, NY: Ballantine Books, 1983. p. 3.

- 중산층은 '정치적 올바름'과 '올바른 일을 하는 것'이 특징이다.
  - 같은 책, p. 34.

● 중산층의 한 가지 표시 : 어딘가에 소속되려는 욕구와, 이를테면 뭔가를 구매하는 행동과 같은 '기계적인 행동'으로 그렇게 되려는 욕구.
　　- 같은 책, p. 35.

● 중산층은 '자기 계발의 가능성'을 믿는다.
　　- 같은 책, p. 37.

● 상위 중산층을 대상으로 한 요리책, 음식 관련 책, 음식 차리기 관련 책에서 강조하는 것은 '고상함'이다. 저녁 파티에서 손님들은 친구가 아니라 관객이 된다.
　　- 같은 책, p. 111.

● "중산층의 가장 위로 올라가면 음식은 보통 그다지 훌륭하지 않은데, 마치 그 계층 사람들 사이의 대화처럼 끔찍할 만큼 밋밋할뿐더러 독창성과 우수성도 슬플 정도로 부족하다."
　　- 같은 책, p. 113.

● 중산층은 우편 주문 카탈로그의 주요 고객이다. "거기에서 구매하는 것들은 중산층이 자신의 가치를 확인하게 해주고 그들의 열망을 부풀린다."
　　- 같은 책, p. 132.

● 물건을 구매하는 것, 특히 우편 주문 카탈로그에서 주문하는 일은 "중산층[그리고 프롤레타리아 계층]이 자신의 가치를 주장하는 방식이다."
　　- 같은 책, p. 131.

- "중산층과 하류층을 구분하는 선은 문법이고, 중산층과 상류층을 구분하는 선은 주로 발음과 단어 수다."
  - 같은 책, p. 178.

- 사회 계층이 낮아질수록 TV가 켜져 있을 확률도 높아진다.
  - 같은 책, p. 100.

- 상류층의 한 가지 표시는 고요함이다. 프롤레타리아는 잡음과 고함 소리가 두드러진다.
  - 같은 책, p. 196.

- 시카고의 어떤 경찰관은 (아마도 상류 프롤레타리아에 해당할 것이다) 이렇게 말했다. "아버지와 어머니가 다투게 되면 어머니가 집안을 다니면서 창문을 닫아버렸다. 이웃들이 싸우는 소리를 듣는 게 싫었기 때문이다. 하지만 그들[즉 하류 프롤레타리아]은 고의적으로 문과 창문을 열고서 소리 지르고 고함친다…."
  - 같은 책.

- 프롤레타리아는 '[이름] 프롤 씨'라고 불리는 것을 좋아한다.
  - 같은 책, p. 197.

- 저소득 가족은 고소득 가족과 비교할 때 경제뿐 아니라 여러 면에서 다르다(즉 가정에 생물학적 부모가 둘 다 함께 살 확률도 낮고, 대학 학위가 있는 어른이나 사회적 지위가 높은 직업에 종사하는 어른이 있거나 할 확률도 낮다). "저소득 가족은 가난한 동네에 살고, 복지 자금을 받고,

정신적 또는 신체적 문제가 있는 어른이 있거나 한다."

— Brooks-Gunn, Jeanne, Duncan, Greg J., and Maritato, Nancy. Poor Families, Poor Outcomes: The Well-being of Children and Youth. Duncan, Greg J., and Brooks-Gunn, Jeanne, Editors. *Consequences of Growing Up Poor*. New York, NY: Russell Sage Foundation, 1997. p. 14.

- "자원이 제한된 공동체, 이를테면 시카고에 있는 훔볼트 파크 Humboldt Park나 동부 L.A. 같은 곳에서는 버려진 쓰레기더미에서 정교한 생존 구조(폭력단까지 포괄하는)가 발생했다."

— Rodriguez, Luis J. *Always Running*. New York, NY: Simon & Schuster, 1993. p. 8.

- 저자는 자기 가족이 맞이한 첫 크리스마스 때를 (한 교회 모임에서 선물을 주었다) 이야기한다. "내가 받은 플라스틱 잠수함과 장난감 총과 금속 자동차를 부숴버렸다. 왜 그랬는지 모르겠다. 제대로 작동하는 물건을, 누가 쓰지도 않던 것을 내가 가져서는 안 된다는 생각이 들었던 것 같다."

— 같은 책, pp. 22-23.

- 아버지가 대리 교사로 일자리를 얻어 (도심 타락과 길거리 범죄의 상징이던) 사우스 L.A.에서 L.A. 교외 지역인 리시다Reseda로 이주했을 때, 그는 이렇게 썼다. "우리 형조차 이 새로운 환경에서 성공을 거두었다. 그는 학교에서 최고의 싸움꾼이 되었다…."

— 같은 책, pp. 30-31.

- 저자 로드리게스Rodriguez는 자기 아버지가 "리시다에서 제정신을 잃고서" 새 가구와 TV와 자동차 따위를 사들였다고 말한다. 그러다가

빚더미에 앉게 되었는데도 아버지는 "알게 뭐냐, 이제 우리도 미국인
인데"라는 태도를 보였다. 하지만 얼마 후 아버지가 직장을 잃자, 이
들 물건은 전부 회수됐다.
- 같은 책, p. 31.

- "카드로 지은 아버지의 집이 무너졌을 때, 마치 그런 상황을 수습하
려고 엄마가 있는 것 같았다."
- 같은 책.

- 리시다에서 지내는 동안 저자의 어머니는 '불편했다.' "…이곳의 다
른 엄마들은 멋지고 건강하며 몸매도 좋았다. 땅딸한 우리 엄마는 시
커멓고 인디언에 외국인이었다. 돈이 있다는 건 중요하지 않았다."
- 같은 책.

- "빈곤의 문화에는 지역적 차이, 도심-지방의 차이, 국가적 차이를 초
월하는 보편적 특징이 있는 듯하다. 전에 쓴 《다섯 가족Five Families》
(Basic Books, 1959)에서 나는 런던, 글래스고, 파리, 할렘, 멕시코시
티의 하류층 거주 지역에서 가족 구조와 대인 관계와 시간 관념과 가
치 체계와 소비 방식과 공동체 의식이 놀랍도록 유사하다고 언급했
다. 여기에서 빈곤의 문화를 광범위하게 비교 분석하기에는 적절하지
않겠지만, 위에 언급한 특징과 다른 몇 가지 특징을 곰파서 멕시코의
상황을 주요 토대로 이 문화의 임시 개념 모델을 제시하고 싶다."
- Lewis, Oscar. The Culture of Poverty. Penchef, Esther, Editor. *Four Horsemen: Pollution, Poverty, Famine, Violence.* San Francisco, CA: Canfield Press, 1971. p. 137.

- "빈곤층의 가장 큰 경제적 특징으로는 생존하기 위한 끝없는 투쟁, 실직과 부적절한 고용, 저임금, 다양한 미숙련 취업 사례, 아동 노동, 저축 부재, 만성적 현금 부족, 예비 식량 부족, 하루에 수차례 식료품 구매하기, 개인 물품 저당 잡히기, 고리로 사채 빌리기, 동네 사람들이 만든 신용 조합(일종의 '계'), 헌옷과 중고 가구 사용이 있다."
  - 같은 책, pp. 137–138.

- "…시 구치소는 또 다른 미국의 기본 시설이다."
  - Harrington, Michael. The Invisible Land. Penchef, Esther, Editor. *Four Horsemen: Pollution, Poverty, Famine, Violence.* San Francisco, CA: Canfield Press, 1971. p. 153

- 한 대화에서 저자는 '열심히 일해서 앞서가는 것'을 '중산층의 전망'이라고 묘사한다.
  - Capponi, Pat. *Dispatches from the Poverty Line.* Toronto, Ontario, Canada: Penguin Books, 1997. p. 41.

- 저자는 "영양을 걱정할 시간 같은 건 없었고 그저 굶주림의 고통을 누그러뜨릴 정도의 양인지만 생각했다"고 말한다.
  - 같은 책, p. 53.

- 가난한 사람들은 대개 마치 삼엄한 감옥에 갇힌 것처럼 빈곤에 갇혀 있다. 다른 생활 방식에 노출될 기회는 별로 없다. 동네가 고급 주택화gentrification[15]하지 않는 이상.
  - 같은 책, pp. 82–85.

---

[15] gentrification이란 부유한 사람들이 덜 개발된 지역의 땅을 사들이면서 고급화되는 현상을 뜻한다― 옮긴이.

- 자기 친구인 노라의 상황을 서술하면서, 저자는 이렇게 쓴다. "내가 보기에 '상실의 세대lost-out generation', 즉 베이비붐 직전 세대에 태어난 노라는 당시 사람들에게 의문이라는 것이 별로 없었다고 말한다. 부모와 선생의 말을 따르고, 누구나 중산층 가치와 기대를 의심하지 않고 그대로 받아들였다. 당시에는 적어도 자신이 가진 만큼은 아이에게 제공해 주었는데, 이것은 이혼한 여자라면 직장을 구해야 한다는 뜻이었다. 노라의 어머니는 여든여덟이 되어서도 아직도 일한다. 자식에게 짐이 되지 않겠다는 결심과 의무감으로. 노라는 그것이 책임감 있는 사람이 해야 할 일이라고 믿었다."
  - 같은 책, p. 161.

- 저자는 노라의 집에서 갖기로 한 저녁 파티에 참석한 이야기를 쓰면서 이렇게 말한다. "깨뜨려야만 눈에 보이게 되는, 보이지 않는 규칙에 관해 그들에게 물어볼 수 있다. 그들이 '일곱 시쯤 와'라고 하면 나는 명확하게 말해 달라고 요구할 수도 있다. '그게 정확히 무슨 뜻이야?' 나는 '아무 때나 오면 돼'라는 말에 만족하지 않고, 사회적으로 용납되는 것에 끝까지 매달린다."
  - 같은 책, p. 166.

- 저자가 인터뷰한 리사는 이렇게 말한다. "저는 제가 중산층이라고 느낀 적이 없어요. 개조된 집에 살지도 않았고, 케이블TV나 컬러TV도 없었고, 쓰레기 음식도, 병에 든 케첩도, 새 차도 누리지 못했고 매년 휴가를 가지도 못했죠."
우리 어머니는 이렇게 말한다. "넌 당연히 중산층 가정에서 자랐어. 캠프에 갔고, 체조와 발레를 배웠고, 재미 삼아 책을 읽었고, 부모 둘

다 교육받고 일하고 있었잖니."

- 같은 책, pp.173-174.

- 리사는 계속해서 말한다. "하지만 제 생각에 누가 쓰던 옷이나 가정 요리(우리는 한번도 외식하러 간 적이 없어요)는 선택한 생활 방식이라기보다는 경제적 필요에 따른 것이었어요. 그렇다고 제가 가난하다고 느꼈다는 말은 아니에요. 필요한 건 다 있었으니까요. 원하는 것이 아니었다는 것뿐이죠. 저는 친구들이 부러웠어요. 우리는 흑백TV에 채널도 두 개뿐이었는데, 친구네 가서 점심 먹는 게 엄청난 기쁨이었죠. 거기 가면 핫도그도 먹을 수 있고 〈플린트스톤Flintstone〉도 볼 수 있었거든요. 당시에 그 친구네는 없는 게 없는 듯했어요. 아침에 먹는 호박 타르트, 흰 빵. 그런데 집에 가면 오래된 그래놀라와 맥아를 씹어먹으면서 어머니가 토마토와 당밀로 케첩 만드는 걸 지켜보았죠."

- 같은 책.

- "하지만 새로운 빈곤은 포부를 파괴하도록 구성되었다. 그것은 희망이 끼어들 여지가 없는 시스템이다."

- Harrington, Michael. *The Other America.* New York, NY: Simon & Schuster, 1962. p. 10.

- "다음은 미드타운Midtown(도심과 주택가 중간) 연구자들이 '사회 경제적 위치가 낮은 개인'을 묘사한 내용이다. 그들은 '완고하고 의심 많고 운명론적이다. 계획을 세우지 않는데, 이것도 운명론과 관련 있다. 우울에 잘 빠지고, 모두 헛되다고 느끼고, 소속감과 우정이 부족

하며, 타인을 잘 믿지 못한다.'"
- 같은 책, p. 133.

- 가난한 사람들을 두고 저자는 이렇게 말한다. "만족을 지연하지 않아서 저금하지 않는다. 쾌락을 얻을 수 있으면 즉시 누리는 편이다."
  - 같은 책, p. 134.

- "아시아의 소작농처럼, 가난해진 미국인들은 대개 삶이 운명을 따른다고, 벗어날 길 없는 끝없는 수레바퀴라고 생각한다."
  - 같은 책, p. 161.

- 1계급 : 부유하고, 대개 가문이 좋거나 금전적으로 상류층이다. 5계급 : 밑바닥 계급으로, 가난한 사람들이다.
  - 같은 책, p. 123.

- 엘리트들은 "서로 받아들이고 이해하고 서로서로 혼인하며 적어도 비슷하게라도 생각하고 비슷한 일에 종사하는 편"이라고 한다.
  - Mills, C. Wright. *The Power Elite*. New York, NY: Oxford University Press, 1956. p. 11.

- "다른 면이 어떻든 간에, 이들 상류층 사람들은 서로 공통 분모가 있는 '군중' 들의 집합, 그리고 복잡하게 얽힌 '파벌' 과 연관된다."
  - 같은 책.

- "…전원 지역과 소도시의 상류층 사이에서 계절에 따른 거주 이전 사례가 늘어나는 추세다. 전원 지역 상류층의 여성과 아이들은 여름방

학 기간에 '호수'로 가고, 남자들은 주말을 끼고서 그곳으로 가는데, 이는 뉴욕의 가족들이 겨울에 플로리다로 떠나는 것과 흡사하다."

- 같은 책, p. 40.

● 상류층은 "자신들과 비슷한 사람들이 들어갈 수 있는 클럽과 단체에 소속되고, 그런 모임에서 자신이 어떻게 보일지 퍽 진지하게 생각한다."

- 같은 책, p. 57.

● "그들은 동일하거나 유사한 상류 사립 학교, 특히 뉴잉글랜드 소재 성공회 기숙 학교에 다녔다. 부모는 하버드, 예일, 프린스턴을 졸업했거나, 지역에 대한 자긍심이 강할 경우 그 지역의 유명 대학(자기 가족이 공헌한 학교)을 졸업했다."

- 같은 책, p. 58.

● "상류 부유층과 단순 부유층, 그리고 그 이하를 가르는 중요한 체험은 바로 교육, 그리고 이러한 교육 방식과 함께 평생을 따라다니는 인맥과 지각과 감수성이다."

- 같은 책, p. 63.

● "신흥 상류층과 기존 상류층 양성소이면서 동시에 선발장이기도 한 사립 학교는 상류층이 전국적으로 알려지는 데 기여한 공통의 요소다."

- 같은 책, p.64.

- "상류 부유층과 연관된 중대한 경제적인 사실은 이득권의 축적이다. 즉 막대한 부를 보유한 이들은 그것을 더 크게 만드는 데 전략적으로 중요한 자리를 이미 차지하고 있다."
  - 같은 책, p. 115.

- 부자들을 묘사한 내용 : "…그들은 더 큰 장난감을 소유하고, 그런 장난감을 더 많이 갖고 있으며, 그것들을 동시에 보유한다."
  - 같은 책, p. 164.

- 그레고리 그루버 목사Reverend Gregory Groover는 사우스 브롱크스 지역 아이들이 대체로 맨해튼에 가지 않는다고 말한다. "…어떤 아이들은 할렘에서 우리와 가까운 지역인 125번가까지도 가본 적이 없다." 목사는 대니라는 아이에 관해 언급한다. "…대니는 열여섯이 되어서야 다리를 건너 뉴저지로 가보았는데, 그것도 내가 같이 데리고 간 것이었다. 대니는 이렇게 말했다. '뉴저지가 캘리포니아 근처에 있는 줄 알았어요.'"
  - Kozol, Jonathan. *Amazing Grace*. New York, NY: Crown Publishers, 1995. p. 81.

제4장 대물림되는 가난

- 대가족은 "가족들이 서로서로 의지하는 것을 하나의 규칙으로 만든다."[16] 이렇게 하는 방법은 대개 "젊은 사람들에게 기준을 정해줄 권

---

[16] 저자에 따르면 이 대목은 주로 빈곤층을 설명하는 내용인데, 이들은 기능 장애라 부를 정도로 심하게 서로 의존하는 경우도 있다고 한다. 그러다 보니 '우리' 대 '타인'과 같은 공식이 마음에 자리하기도 하고, 따라서 가정 성폭력이나 학대도 외부에 보고되거나 기소되는 일이 거의 없다고 한다—옮긴이.

리를 연장자들에게 부여하는 것"이다.

- Sennett, Richard, and Cobb, Jonathan. *The Hidden Injuries of Class*. London/Boston: Faber and Faber, 1993. First published in U.S.A. In 1972 by Alfred A. Knopf, New York, NY. p. 106.

- 한 공장 노동자가 나오는 대목. 스포츠 통계를 잘 안다고 아내가 말하자 남자는 이렇게 말한다. "그 사람 괜한 소리를 했군요. 저 안 그래요." … "이것은 단순히 칭찬받는 것이 당황스럽기 때문이 아니다. '나'의 강점들이 사회적으로 유용한 능력의 범주에 들어가서는 안 된다고 느끼는 것이다. 일단 그 범주에 들어가고 나면 그 강점들이 더 이상 '나'(진정한 나)의 것이 아니게 되기 때문이다."
  - 같은 책, p. 216.

- 부유한 부모와 비교하여 소득이 적은 부모들은
  -결혼하지 않았을 확률이 높고
  -교육 수준이 낮고
  -건강 상태가 좋지 않다.
  - Mayer, Susan E. *What Money Can't Buy*. Cambridge, MA: Harvard University Press, 1997. p. 8.

- 좋은 부모 이론 중에서 '부모가 역할 모델이다'라는 설은 이렇게 주장한다. "저소득층 부모는 사회 계층에서 가장 낮은 계층에 해당하기에 주류 문화에서 성공에 '장애가 되는' 가치관과 기준과 행동 양식을 형성한다."
  - 같은 책, p. 50.

- 아이가 생겼을 때, 저소득층에서 자라난 남성과 여성은 그보다 소득 수준이 높은 가정에서 자란 사람보다 결혼할 확률이 낮다. 결혼하더라도 '별거하거나 이혼하기가 쉽다.'
  - 같은 책, pp. 65-66.

- "정부 지원이 전혀 없으므로, 어떤 여성과 아이는 남자에게 학대받는 파괴적인 관계에 계속 머무르게 될 가능성이 많을 것이다. 어떤 여자는 '사회적 매춘', 다시 말해 자신의 청구서 대금을 기꺼이 지불해 주려는 남자들에게 몸을 맡기는 방식에 기댈 것이다."
  - 같은 책, pp. 151-152.

- "가난한 부모는 소득뿐 아니라 다른 여러 면에서 부유한 부모와 다르다. 예를 들어 소득이 적은 부모들은 대개 교육 수준이 낮고 결혼하지 않을 확률이 높은데, 이 역시 가난한 아이들과 부유한 아이들이 기회를 불평등하게 누리는 한 가지 원인이다."
  - Mayer, Susan E. Trends in the Economic Well-being and Life Chances of America's Children. Duncan, Greg J., and Brooks-Gunn, Jeanne, Editors. *Consequences of Growing Up Poor.* New York, NY: Russell Sage Foundation, 1997. p. 51.

- "명백히, 청소년기에 경험한 가난은 아이가 학업 성과를 달성하는 데 부정적으로 작용한다. 미국인의 경제적 성공과 직업적 성공을 결정하는 데 교육이 미치는 영향은 장기적인 듯하다. 고등학교를 중퇴할 때 발생하는 결과는 특히 극적이다. 지난 20년간 고등학교를 졸업하지 못한 사람들은 실소득이 확실하게 줄어들었고, 더 교육받은 사람들보다 훨씬 뒤지게 되었다."

- Teachman, Jay D., Paasch, Kathleen M., Day, Randal D., and Carver, Karen P. Poverty During Adolescence and Subsequent Educational Attainment. Duncan, Greg J., and Brooks-Gunn, Jeanne, Editors. *Consequences of Growing Up Poor.* New York, NY: Russell Sage Foundation, 1997. p. 416.

• "우리가 십대 사생아 출산의 요인을 추산해 보니, 부모의 특징(어머니의 교육 수준)은 십대 아이들의 출산에 중요한 요인이었으나 가난 자체는 중요한 요인이 아니었다. 하지만 빈곤선보다 소득이 월등히 높으면 십대 사생아 출산이 분명히 줄어드는 듯하다. 가난과 자주 연관되는 가족의 한 가지 특징(편부모와 지낸 기간)도 십대 출산에 중대한 영향을 미친다. 특히 열두 살에서 열다섯 살까지 가난하게 살 경우 더욱 그러하다."

- Haveman, Robert, Wolfe, Barbara, and Wilson, Kathryn. Childhood Poverty and Adolescent Schooling and Fertility Outcomes: Reduced-form and Structural Estimates. Duncan, Greg J., and Brooks-Gunn, Jeanne, Editors. *Consequences of Growing Up Poor.* New York, NY: Russell Sage Foundation, 1997. p. 443.

• "미혼모 숫자가 극적으로 증가하면서, 사생아 출산도 십대에만 국한되지 않는다."

- Brooks-Gunn, Jeanne, Duncan, Greg J., and Maritato, Nancy. Poor Families, Poor Outcomes: The Well-being of Children and Youth. Duncan, Greg J., and Brooks-Gunn, Jeanne, Editors. *Consequences of Growing Up Poor.* New York, NY: Russell Sage Foundation, 1997. p. 4.

• "이 나라에서 벌어지는 범죄는 계급 문제다. 미어터지는 감방에 수용된 사람들 중 다수는 '생계형 범죄자criminals of want' 라고 해도 무방할 것이다. 삶의 기본 필요가 충족되지 못하여 어쩔 수 없이 이른바

범죄 행위로 목숨을 연명하는 사람들이다. …이들은 생활 보조금을 받는 어머니, 공영 주거 단지 거주자, 이주민 가족, 부랑자와 미취업자 들과 같은 사회 계층에 속한다."

    - Rodriguez, Luis J. *Always Running*. New York, NY: Simon & Schuster, 1993. p. 10.

- 저자는 "거의 모든 것이 무너져내릴 때 어머니가 가정을 지켜냈다"고 말했다.

    - 같은 책, p. 23.

- "우리는 한 집에서 쫓겨나고 다른 집으로 옮긴 적이 많았다."

    - 같은 책, p. 30.

- 저자 가족은 그러고 나서 세니Seni라는 배다른 여동생, 그리고 그 가족과 함께 살게 되었다. 할머니도 거기에 살아서 총 11명이 그 아파트에 살았다. "둘뿐인 침실은 어른들이 차지했다. 아이들은 거실에서 임시로 만든 잠자리에서 잤다." 저자와 그의 형은 "길거리로 피신했다."

    - 같은 책, p. 32.

- "우리는 자신을 폭력단이라고 부르지 않고, 클럽 또는 클리카clica(멕시코계 미국인들끼리 쓰는 말로, 모임이라는 뜻)라고 했다. …그것은 우리가 소속되고 싶은 곳, 우리의 것이었다. 우리는 보이스카우트에도, 스포츠 팀에도, 캠핑 모임에도 소속되지 않았다. 디 임퍼스네이션 Thee Impersonation(클럽 이름으로서 어떤 사람을 흉내 내거나 특정인 역을 한다는 뜻)은 우리가 '무'에서 '유'를 만드는 방식이었다."

    - 같은 책, p. 41.

- "하지만 재산도 없고 선거권도 없는 사람들에게 '가족'이란 한 편의 촌극에 지나지 않았다. 비틀어 찢듯 갈라진 가족이 너무나 많았고, 심지어 아이들마저 미약하나마 수입에 보탬이 되어야 했다. 가족은 오직 그것을 유지할 수 있는 사람들에게나 존재할 수 있는 것이다."
  - 같은 책, p. 250.

- "소득을 기준으로 가난을 정의하려 해도, 가난한 사람들 사이에도 TV와 자동차가 있는 사람은 비교적 많다는 것을 발견하게 된다."
  - Seligman, Ben B. The Numbers of Poor. Penchef, Esther, Editor. *Four Horsemen: Pollution, Poverty, Famine, Violence*. San Francisco, CA: Canfield Press, 1971. p. 95.

- "가난은 각자에게 다른 의미로 다가간다. 가난한 가족의 집으로 걸어 들어가 보라. 악취가 코를 찌르고 불결함이 눈을 괴롭힐 수도 있다."
  - Dicks, Lee E. The Poor Who Live Among Us. Penchef, Esther, Editor. *Four Horsemen: Pollution, Poverty, Famine, Violence*. San Francisco, CA: Canfield Press, 1971. p. 118.

- 로지타Rosita의 이웃 사례가 등장한다. 그녀는 다섯 남자와 관계하여 다섯 딸을 두었다. 결혼은 한번도 하지 않았다.
  - 같은 책, p. 120.

- 보이드와 그 아내는 교육이 아들에게 최선의 기회가 된다고 여겼다. "…고등학교를 졸업하지 않으면 아무것도 하지 못해요. 십중팔구 대학까지 나와야 하겠죠."
  - 같은 책, p. 123.

- "몇몇 사회적 특징과 심리적 특징 중에는 북적대는 거주지, 사생활 부족, 군집성, 높은 알코올 중독 발생률, 다툼을 해결할 때 폭력에 의존하는 성향, 자녀 양육에 폭력을 자주 사용하는 태도, 아내 구타하기, 이른 나이에 성관계 경험, 동거나 관습법에 따른 결혼, 빈번하게 발생하는 아내와 자녀 유기 사례, 어머니 중심의 가족 구성 동향과 외가 쪽 친척을 훨씬 잘 아는 성향, 핵가족 우세, 권위주의에 크게 의존하는 성향, 가족 간 결속 강조(거의 달성할 수 없는 이상) 등이 있다. 또 다른 특징으로는 만족을 지연하고 미래를 대비하는 능력이 비교적 적고 현재만 중시하는 성향, 힘겨운 현실을 토대로 자포자기나 운명론에 빠지는 성향, '마초'라는 표현에서 절정에 달하는 남성 우월주의, 그에 따른 여성들 사이의 희생자 콤플렉스, 마지막으로 온갖 정신 증세에 관대한 태도가 있다."

  – Lewis, Oscar. The Culture of Poverty. Penchef, Esther, Editor. *Four Horsemen: Pollution, Poverty, Famine, Violence.* San Francisco, CA: Canfield Press, 1971. p. 138.

- 빈곤층의 가족 구조 : "아버지 없는 가정이 많고, 결혼하지 않은 가정도 많고, 조기 임신도 많으며, 킨제이 통계를 인용하자면 성관계를 대하는 태도가 현저히 다르다. 그 결과를 한 가지만 언급하자면, '또 다른 미국'의 아이들 수십만, 아니 어쩌면 수백만은 안정과 '정상적' 애정이 무엇인지 결코 알지 못한다."

  – Harrington, Michael. The Invisible Land. Penchef, Esther, Editor. *Four Horsemen: Pollution, Poverty, Famine, Violence.* San Francisco, CA: Canfield Press, 1971. p. 153.

- "길거리 규칙 1번 : 연약함, 감상주의를 드러내지 마라."

- Capponi, Pat. *Dispatches from the Poverty Line*. Toronto, Ontario, Canada: Penguin Books, 1997. p. 150.

● 저자가 한 여자에게 매춘을 어떻게 생각하느냐고 묻자, 여자가 이렇게 대답한다. "그냥 마음 한쪽을 접어두는 거죠. 이렇게 생각해야 해요. 자, 남자는 바깥에 나가서 작업 부츠를 사 신고 돈을 번다. 나는 몸으로 돈을 번다. 다를 게 하나도 없어요."
- 같은 책, p. 153.

● 저자는 미국의 빈곤층을 묘사하면서 "염세적이고 패배주의에 젖어 있다"고 한다.
- Harrington, Michael. *The Other America*. New York, NY: Simon & Schuster, 1962. p. 2.

● "미국에서 가난은 하나의 문화, 제도, 삶의 방식이다."
- 같은 책, p. 16.

● "그(F. 스콧 피츠제럴드)는 부유하다는 것이 은행에 돈이 많다는 것처럼 단순한 하나의 사실이 아니라, 현실을 바라보는 관점이자 여러 가지 태도의 집합이며 특정한 삶의 방식이라는 점을 이해했다. 부자들이 이러하다면, 가난한 사람은 그보다 열 배는 더욱 그러하다. 가난하다는 사실은 치아의 상태에서부터 사랑하는 방식에 이르기까지 그들의 모든 것에 스며들고 침투한다."
- 같은 책.

● "한마디로 가난한 사람들의 언어, 가난한 사람들의 심리, 가난한 사

람들의 세계관이 따로 있다. 가난해진다는 것은 국내에 거주하는 외국인이 된다는 뜻이고, 사회의 주류 문화와 극단적으로 다른 문화에서 자란다는 뜻이다."

- 같은 책, p. 17.

- 석탄 광산에서 일하다가 해고된 남자들을 묘사하면서 스와도스 Swados는 이렇게 말한다. "정말 얄궂게도, 그 남자들 중 상당수가, 위험을 감수하며 살아가고 열심히 일하고 열심히 싸우고 열심히 마시고 열심히 사랑하는 자신의 능력에 자부심을 느끼던 남자들이 이제는 집안 일을 배우고 집에서 여자들이 하던 역할을 떠맡고 있어요."

- 같은 책, p. 28.

- "빈곤층 문화에서 흔히 그렇듯이, 이 사람들 사이에는 결혼이 일반적이지 않았다. 여자들이 여러 남자와 성관계를 하는 것은 아니어서, 한 남자와 상당 기간 동안 함께 살았다. 하지만 몇 년이 지나고 아이가 하나둘 생기면 결혼은 파국을 맞이한다. 한 지붕 아래서 서로 배다른 형제나 아버지가 다른 형제들 무리가 둘셋 정도 있는 것은 특이한 일이 아니었다."

- 같은 책, p. 98.

- "그러나 흑인 빈민가를 설명하는 듯한 이런 혐오스러운 묘사는 삶의 질을 간과한 것이다. 늦은 여름 날 길가를 걸어가노라면 백 개는 될 법한 라디오에서 흘러나오는 힐빌리(컨트리)풍의 음악이 대기를 채웠다. 그곳에는 느슨한, 패배주의적인 명랑함이 있었고 욕심 없는 사람들의 무심함이 있었다. 그들은 가난한 남부 백인들이었다."

- 같은 책, p. 99.

- "하지만 슬럼가 내에서는 폭력과 소동이 표준, 곧 날마다 벌어지는 사건일 때가 많다. '또 다른 미국' 내부에서 보면 '폭력단'에 입단하는 일이 그다지 비상식적인 행동으로 비치지 않을 것이다. 그것은 적대적인 세상에서 살아남는 필요 조치라고 해도 좋을 것이다(한번은 세인트루이스의 슬럼가에 있는 한 학교에서 어떤 교사가 두 소녀 사이의 싸움을 말리며 말했다. '착한 아이들은 싸우지 않는단다.' 그러자 한 아이가 대꾸했다. '맞아요. 어젯밤 우리 엄마가 술집에서 어떻게 했는지 보셨어야 하는 건데')."
  – 같은 책, p. 127.

- "이러한 즉각적 만족 패턴과 연관된 것은 가난한 사람들이 '하고 싶은 대로 하고', 자신을 덜 억제하며, 때로는 난폭하게 굴기도 하는 경향을 보인다는 점이다."
  – 같은 책, p. 135.

- "예를 들어 뉴헤이븐, 홀링스헤드, 레드리치Redlich 같은 곳에서는 5계급(가난한 사람들)의 17세 미만 아이들 중 약 41%가 죽음, 유기, 별거, 이혼 때문에 붕괴된 가정에서 살았다."
  – 같은 책.

- 빈곤층의 가족 구성과 연관하여, 예일 대학교 연구진의 발견에 따르면 23%는 '세대 줄기 가정'에서 살았다. 즉 여러 세대가 뒤섞여서 살고, 이혼도 한두 번 겪은 가정에서 살았다. 그런 환경에서는 서로 다른 세대 사이에 끝없이 갈등이 일어날 소지가 있다(그리고 이것은 노인 세대가 외국에서 이주해 와서 고국의 문화를 고수할 때 더욱 악화된

다). 그리고 18%는 아버지나 어머니가 없는 결손 가정에서 자랐다. 그리고 11%는 부모 중 한쪽이 사망했다.

- 같은 책, pp. 135-136.

- "이런 가족 패턴의 또 다른 측면은 성적인 면이다. 뉴헤이븐에서 연구진이 발견한 바에 따르면, 슬럼가의 어린 소녀들은 결혼하기 전에 임신하는 일이 비일비재했다. 나도 세인트루이스에서 이와 비슷한 양상을 목격했다. 그곳에서 아이들은 어린 나이에 성적인 문제에 관해, 말하자면 '어설픈 지식'을 얻는다. 비참한 주거 환경에서 밀집해 살아가면서, 아이들은 직접 목격한 정보로 성에 관한 사실들을 알게 되었다 (그러나 아이들이 본 것은 야만적이고 술에 취한 형태일 때가 많았다)."

- 같은 책, p. 136.

- "'또 다른 미국'을 묘사한 이 글에 덧붙여야 할 한 가지 가장 중요한 분석 요인은 미국에서 가난이 하나의 통합된 문화, 즉 살아가고 느끼는 방식을 형성한다는 사실일 것이다. 이 개념을 일반화하여 정리하는 일은 대단히 중요하다. 그것이 가난을 파괴하는 데 큰 영향을 미치기 때문이다."

- 같은 책, pp. 159-160.

- "또 다른 차원에서, '또 다른 미국'의 정서는 훨씬 더 침해당한다. 이곳에서는 희망이나 포부가 부족하다는 점이 아니라, 개인적인 혼돈이 문제가 된다. '또 다른 미국'에서 술 취한 상태, 불안정한 결혼, 폭력은 단지 개인들의 문제가 아니다. 이런 표현은 생활 여건 때문에 이런 식으로 반응하게 되고 마는 하나의 집단을 묘사하는 말이다."

- 같은 책, p. 162.

- 가정 생활이 변했다는 점을 뒷받침하는 몇 가지 증거에는 다음과 같은 것이 있다. "상당수의 성인 남자들이 자신의 자식이 있는 가정에 그다지 애착이 없다. 이들 중 상당수는 어쩌다 한번 자식 얼굴을 볼 뿐이고, 자녀 양육에 금전적으로 거의 도움이 되지 않는다."

    – Zill, Nicholaus. "The Changing Realities of Family Life." *Aspen Institute Quarterly.* Winter 1993. Volume 5. Number 1. p. 37.

- 다섯 아이와 함께 걸어가면서 (둘은 일곱 살이고 둘은 아홉 살이며 하나는 꼬마라고 묘사된다) 코졸Kozol은 이렇게 말한다. "아무도 학교가 시작하는 대략적인 시간을 말해 주지 못하더군요. 한 아이는 다섯 시라고 하고, 다른 아이는 여섯 시라고 하고, 또 다른 아이는 정오에 시작한다고 했어요." 그런 뒤에 아이들은 언니들 중 하나가 강간당하고 살해된 이야기를 그에게 들려준다.

    – Kozol, Jonathan. *Savage Inequalities.* New York, NY: Harper Perennial, 1991. pp. 12-13.

- 제레미아라는 열두 살 난 소년은 코졸에게 이렇게 말한다. "1960년에 뉴욕에서 백인들이 흑인과 스페인 사람들과 떨어진 곳으로 이사하기 시작했어요." 코졸은 아이에게 백인들이 어디로 갔는지 물었다. 또 다른 아이가 그들이 시골로 이사한 것 같다고 했다. 그러자 제레미아가 말했다. "중요한 건 사는 곳이 아니라 사는 방식이에요." 코졸은 다시 말해 보라고 했다. 그러자 다시 말했다. "사는 방식이라구요. 장소에 따라서 경제 체제가 달라요." 코졸이 제레미아에게 무슨 뜻인지 설명해 보라고 하자, 제레미아는 리버데일Riverdale을 가리켜 "백인 중산층이 대다수를 차지하는 브롱크스 북서부 지역이다"라고

했다. "리버데일에서 삶은 개방되어 있지만 우리가 사는 곳은 닫혀 있어요." 코졸이 "어떤 면에서 그렇지?"라고 묻자 그가 답한다. "우리는 바깥에 나가서 놀 수가 없거든요."

- Kozol, Jonathan. *Amazing Grace*. New York, NY: Crown Publishers, 1995. p. 32.

- 열다섯 살 난 학생인 이자벨은 제레미아가 말한 '갇혀 있다'는 표현이 '지나치게 강하다'고 생각한다고 말한다. "그렇다고 감옥에 갇힌 것 같지는 않거든요. 그냥 '숨겨진' 것 같아요." 마치 차고에 사람을 집어넣어 놓고, 뭔가 공간에 여유는 없지만 내다버려야 할지 모호할 때 다시 생각하지 않아도 되는 곳에 놓는 것 같다는 말이었다.

- 같은 책, pp. 38–39.

제5장 역할 모델과 정서적 자원

- "뉴욕주차별반대위원회New York State Commission Against Discrimination의 한 연구에는 더 심각한 상황이 기술되어 있다. 흑인 아이가 소득 수준이 같은 백인 아이보다 꿈은 더 크지만 그것을 이루는 데 필요한 기회는 더 적은 상황…아버지가 비참한 직업에 종사하는 가정에서 자라난 그 흑인 아이는 부모의 삶을 거부할 수밖에 없고 스스로 새로운 목표를 설정해야 했다. 몇 세대 전에 이주해 온 젊은이들의 경우 모국의 전통을 내던지고 미국이라는 더 큰 사회에 동화되는 이런 경험은 사회적으로 상승하는 결정적인 순간이었다. 하지만 이 흑인 아이는 이주민들 때만큼 사회가 개방적이라고 느끼지 않는다."

- Harrington, Michael. *The Other America*. New York, NY: Simon & Schuster, 1962. pp. 77-78.

제6장 지원 시스템

- 만성적인 저소득은 "아이의 행동에 결정적으로 해로운 대응 전략과 물질적 부족을 야기한다."

    −Mayer, Susan E. *What Money Can't Buy*. Cambridge, MA: Harvard University Press, 1997. p. 76.

- "다른 유익한 전략으로는 조금 간접적으로 프로그램에 따라가는 방법이 있는데, 이를테면 어머니들이 자녀에게 책을 더 많이 읽어주도록 (어머니 자신도 더 많이 읽고) 도와주거나 어머니들이 아이와 함께 집에서 할 수도 있고 지적으로도 자극이 되는 학습 활동에 참여하도록 도와주는 방법이 있다(Brooks-Gunn, Denner, and Klebanov, 1995; Snow, 1986)."

    − Smith, Judith R., Brooks-Gunn, Jeanne, and Klebanov, Pamela K. Consequences of Living in Poverty for Young Children's Cognitive and Verbal Ability and Early School Achievement. Duncan, Greg J., and Brooks-Gunn, Jeanne, Editors. *Consequences of Growing Up Poor*. New York, NY: Russell Sage Foundation, 1997. p. 167.

- "부모들의 경제적 자원은 몇 가지 면에서 자긍심에 영향을 미치기도 한다. 부모의 소득은 부모와 자녀의 사회적 지위와 주변 사람의 존경심에 작용하는데, 이것은 자긍심과 밀접히 연관된다. 소득은 또 열망을 충족시키는 상품과 서비스로서 아이의 자긍심을 향상하는 데 유용하다."

    − Axinn, William, Duncan, Greg J., and Thornton, Arland. The Effects of Parent's Income, Wealth, and Attitudes on Children's Completed Schooling and Self-esteem. Duncan, Greg J., and Brooks-Gunn, Jeanne, Editors. *Consequences of Growing Up Poor*. New York, NY: Russell Sage Foundation, 1997. p. 521.

- 랜드 D. 콩거Rand D. Conger와 케이시 J. 콩거Kathy J. Conger와 글렌 엘더Glen Elder가 제시한 모델에서 "저소득은 경제적 압박의 원인이고, 이는 부모가 재정적인 문제로 다투는 계기가 되어 어머니의 양육 방식이 거칠어지고 청소년의 자신감과 학업 성과가 떨어지는 결과를 낳기도 한다."
  - Duncan, Greg J., and Brooks-Gunn, Jeanne. Income Effects Across the Life Span: Integration and Interpretation. Duncan, Greg J., and Brooks-Gunn, Jeanne, Editors. *Consequences of Growing Up Poor.* New York, NY: Russell Sage Foundation, 1997. p. 602.

- 저자는 스스로 "보수주의자들이 문제라고 생각할 만하다"고 말한 주장을 여러 개 펼친다. 그 중 한 가지는 이러하다. "연방정부 프로그램들은 아이들의 삶에 변화를 일으켰다. 앞에서 지적했듯 이 나라의 아동 빈곤은 식량 배급표, WIC,[17] 메디케이드Medicaid,[18] 교육통합 및 향상법안 제1장, 공평한 기회를 위한 노력 등으로 전보다 나아졌다."
  - Zill, Nicholaus. "The Changing Realities of Family Life." *Aspen Institute Quarterly.* Winter 1993. Volume 5. Number 1. pp. 47-48.

제7장 훈육

- "여러 세대에 걸쳐서 비정규직에 종사하고 차별받는 상황이 이어지면서, 길거리 기술이 학문적 기술보다 더 가치 있어 보이는 결과가 나오면, 부모들은 아이들더러 학교에서 공부하는 것보다 길거리 기

---

17 여성, 유아, 아동을 위한 특별 영양 보충 프로그램(Special Supplemental Nutrition Program for Women, Infants, and Children)을 줄여서 부르는 말. 미국 농무부가 저소득층 임신부, 모유 수유 중인 산모, 5세 이하 유아와 아동의 건강과 영양 상태를 개선하려고 운영하는 프로그램이다—옮긴이.

술을 익히라고 권할 확률이 높다."
- Mayer, Susan E. *What Money Can't Buy.* Cambridge, MA: Harvard University Press, 1997. p. 51.

● 한 학교 상담자의 말이다. "'가족들에게 돈을 주면 생활 수준이야 높아지겠지만 아이에게 성공에 필요한 도구를 주지는 못해요.' 상담자의 동료가 덧붙였다. '돈보다는 부모의 가치관, 자녀 양육 방식이 중요한 것 같아요.'"
- 같은 책, p. 113.

● "'힘을 옹호하는' 훈육 기법, 즉 체벌, 복종 강조, 자녀를 지지하지 않는 태도 등은 가난한 부모들이 더 많이 사용했다."
- 같은 책, p. 115.

● "가난이 스트레스 증상과 연관되고 스트레스 증상이 좋지 않은 양육 방식과 연관되므로, 상당수 연구자들은 가난이 나쁜 양육 방식을 야기하고 이것이 다시 아이들에게 나쁜 결과를 낳는다고 추론한다."
- 같은 책.

● 그는 자기 아버지가 "화를 내거나 나를 때리지 않았다"면서 "그건 어머니에게 맡겼다"고 말했다.
- Rodriguez, Luis J. *Always Running.* New York, NY: Simon & Schuster, 1993. p. 47.

● 저자는 체벌의 한 예를 보여준다. 그는 자기 어머니가 "가죽 벨트로

내 살에 조각을 했다"고 말했다.
- 같은 책, p. 74.

- "가족 구조는 아동 복지의 몇몇 부분에서 특히 더 중요하게 작용하는 듯하다. 그 중 '행동 문제'가 가장 부정적이고 일관성 있는 결과를 보인다. 행동 문제와 관련하여 아이들의 결과를 조사한 네 개의 연구에서 연구자들은 부모가 없으면 행동 문제가 심각해진다는 점을 발견했다. 핸슨Hanson, 매클래너언McLanahan, 톰슨Thompson(8장)은 가정이 붕괴하면 학교와 연관된 행동 문제가 심해진다는 점을 발견했다. 파가니Pagani, 볼러리스Boulerice, 트렘블레이Tremblay(11장)는 결손 가정 아이들 사이에서 싸움과 과잉 행동 문제를 더 많이 발견했고, 립먼Lipman과 오퍼드Offord는 사회성 장애의 증거를 찾아냈다. 이뿐만 아니라 헤이브먼Haveman, 울프Wolfe, 윌슨Wilson(14장)은 결손 가정의 여자아이들이 정상 가정 아이들보다 10대 미혼모가 될 확률이 높다는 점을 알게 되었다."
  - McLanahan, Sara S. Parent Absence or Poverty: Which Matters More? Duncan, Greg J., and Brooks-Gunn, Jeanne, Editors. *Consequences of Growing Up Poor*. New York, NY: Russell Sage Foundation, 1997. p. 40.

제8장 교육과 학업 성적 향상

- "가족의 소득이 높을수록, 후대가 교육을 더 많이 받게 된다."
  - Lewis, Anne C. "Breaking the Cycle of Poverty." *Phi Delta Kappan*. November 1996. Volume 78. Number 3. p. 186.

- "저소득층 가정에서 자란 아이들은 부유한 가정에서 자란 아이들보다 건강, 인지 발달, 학업 성과, 정서적 복지 면에서 점수가 낮다."
    - Brooks-Gunn, Jeanne, Duncan, Greg J., and Maritato, Nancy. Poor Families, Poor Outcomes: The Well-being of Children and Youth. Duncan, Greg J., and Brooks-Gunn, Jeanne, Editors. *Consequences of Growing Up Poor.* New York, NY: Russell Sage Foundation, 1997. p. 1.

- "이 연구에서 나타난 증거를 보면, 서로 나이대가 다른 아이들을 측정한 두 샘플에서 가난이 아이들의 인지 능력에 영향을 미친 것으로 드러난다. …소득의 영향은 2세에서 8세 사이의 아이들에서 모두 나타났다."
    - Smith, Judith R., Brooks-Gunn, Jeanne, and Klebanov, Pamela K. Consequences of Living in Poverty for Young Children's Cognitive and Verbal Ability and Early School Achievement. Duncan, Greg J., and Brooks-Gunn, Jeanne, Editors. *Consequences of Growing Up Poor.* New York, NY: Russell Sage Foundation, 1997. p. 164.

- "지속적으로 가난한 가정에서 사는 아이들은 한번도 가난한 적이 없는 아이들보다 여러 평가에서 점수가 6~9점 낮았다."
    - 같은 책.

- "분명, 부모의 교육 수준은 언제나 아이들의 성과와 연관된다."
    - 같은 책, p. 166.

- 연구자들의 분석에 나온 내용. "가족의 소득보다는 아이가 가정에서 경험한 일들이, 어머니의 교육 수준이 미치는 영향을 더 많이 중재했다. 이것은 교육이, 아이들과 말하고 놀고 상호작용하고 읽는 방식과

연관된다는 믿음과 맞아 떨어진다(Bradley et al., 1989; Sugarland et al., 1995)." "이는 또 어머니의 교육 수준을 높이려고 노력하면 아이들이 가정에서 경험하는 일들이 바뀌어서 아이들에게 영향을 미칠 것이라는 뜻도 되는데, 바로 이런 이론을 토대로 여러 조기 개입 프로그램이 개발되었다(Chase-Lansdale and Brooks-Gunn, 1995; Clarke-Stewart and Fein, 1983)."

- 같은 책, pp. 166-167.

● "요약하자면, 가난한 가정의 소득을 끌어올리기 위한 소득 및 세금 혜택은 가정 학습 환경을 개선하기 위한 초기 중재 프로그램들과 더불어, 가장 어린 시민인 아이들의 인지 능력과 취학 준비에 보탬이 될 것이다."

- 같은 책, p. 167.

● "소년 비행 예측에 관한 소급 데이터를 재분석한 글(Glueck and Glueck, 1950년)에서, 샘슨Sampson과 롭Laub(1994년)은 '가난 때문에 가정이 일상적 사회 통제 요인으로 작용할 힘이 약화되고, 이에 따라 청소년 비행 확률이 높아진다' 고 결론지었다."

- Pagani, Linda, Boulerice, Bernard, and Tremblay, Richard E. The Influence of Poverty on Children's Classroom Placement and Behavior Problems. Duncan, Greg J., and Brooks-Gunn, Jeanne, Editors. Consequences of Growing Up Poor. New York, NY: Russell Sage Foundation, 1997. p. 311.

● "가난이 지속되는 기간은 인지 발달에 중요하지만 가난의 시점은 아이의 성과에 영향을 미치지 않았다(from Duncan, Brooks-Gunn, and Klebanov, 1994; data analysis from the Infant Health and

Development Program)."
- 같은 책, p. 334.

- "…청소년이 가난한 가정에서 지낸 햇수는 학업 성과와 초기 직업 성과를 예측하는 주요 인자였다(from Corcoran et al., 1992)."
  - 같은 책.

- "몇몇 증거를 보면, 빈곤의 기간이 중재 요소들에 영향을 미칠 소지가 있는 것 같다. 개럿Garret, Ng'andu, 페런Ferron(1994년)은 아이들이 가난하게 사는 기간이 길수록 가정 환경의 질이 낮아진다는 사실을 관찰했다. 하지만 이에 맞서는 주장에 따르면 자녀를 낳기 전에 부모의 사회 적응과 인지 능력이 가난의 기간과 아이의 인지적 성과 사이의 관계를 설명하는 요인일 수도 있다(Benson et al., 1993; Serbin et al., 1991)."
  - 같은 책.

- "가족의 소득은 3세에서 12세 아동의 인지적 성과 변화에는 크게 영향을 미치는 듯하지만, 내재화된 행동과 외현화된 행동의 변화에는 영향을 미치지 않는 듯하다."
  - 같은 책, p. 337.

- "아이 성장기에 부모가 함께한 시간(부모가 집에서 같이 사는 것도 포함)과 함께 자란 형제 수는 아이의 교육 성과와 분명하게 연관된다. 어머니의 교육 수준과 가족의 경제적 자원(가족 총수입과 가족이 가난하게 산 햇수 두 가지로 대신할 수 있다)은 교육 성공과 관련된다. 특히 가난하게 산 햇수는 고등학교 졸업 확률에서 중요한 결정 요인인 듯

하다. 다른 요인이 동일하다면 가난한 가정에서 자란 아이는 다른 아이들보다 고등학교를 졸업할 확률이 훨씬 낮다. 이런 아이들이 편부모 슬하에서 자라면 고등학교를 졸업할 확률은 더욱 낮아진다."

– Haveman, Robert, Wolfe, Barbara, and Wilson, Kathryn. Childhood Poverty and Adolescent Schooling and Fertility Outcomes: Reduced-form and Structural Estimates. Duncan, Greg J., and Brooks-Gunn, Jeanne, Editors. *Consequences of Growing Up Poor*. New York, NY: Russell Sage Foundation, 1997. pp. 441-442.

- "연구 문헌들 역시 양육 가정의 정서적 복지와 지지 분위기가 양육 가정의 구조나 구성보다 아이의 자긍심에 가장 강력한 영향을 미친다고 전했다(Demo and Acock, 1988; Raschke, 1987)."

– Axinn, William, Duncan Greg J., and Thornton, Arland. The Effects of Parent's Income, Wealth, and Attitudes on Children's Completed Schooling and Self-Esteem. Duncan, Greg J., and Brooks-Gunn, Jeanne, Editors. *Consequences of Growing Up Poor*. New York, NY: Russell Sage Foundation, 1997. p. 521.

- "휘트벡Whitbeck et al.(1991년)은, 부모들이 보고한 바에 따르면 가정의 경제적 난관이 '부모의 지원과 개입이 감소하는 원인'으로 작용하여 자긍심에 간접적으로 영향을 미친다는 점을 발견했다(1991년). 그러나 이들은 이러한 경제적 난관이 아이의 자긍심에 아주 미약하게만 직접적으로 영향을 미친다는 점을 발견했는데, 이것은 다른 연구자들의 연구 결과와도 부합하는 듯하다. 연구 결과에는 부모가 아이들에게 하는 행동이 아이의 자긍심에 중요한 결정 요인이라고 되어 있기 때문이다(Gecas and Schwalbe, 1986; Demo, Small, and Savin-Williams, 1987)."

– 같은 책.

- "가족 소득은 아이의 능력과 성과에는 크게 영향을 미치지만, 행동과 정신 건강과 신체적 건강(5, 7, 11, 14, 16, 17장에 나온 발달 연구에 제시된 기준)에는 그렇지 않다."
    - Duncan, Greg J., and Brooks-Gunn, Jeanne. Income Effects Across the Life Span: Integration and Interpretation. Duncan, Greg J., and Brooks-Gunn, Jeanne, Editors. *Consequences of Growing Up Poor*. New York, NY: Russell Sage Foundation, 1997. p. 597.

- "가족의 경제적 조건은 청소년기보다 아이의 아동기 초기와 중기에 능력과 성과를 형성하는 데 중요한 요인인 듯하다."
    - 같은 책.

- "부모의 교육 수준이나 가족 구조보다, 가족 소득이 아이의 능력과 성과를 예측하는 데 더 뛰어난 요인이다."
    - 같은 책.

- "…가정 환경(학습 기회 제공, 어머니와 아이 사이의 온정, 집의 물리적인 환경)은 가족 소득이 어째서 인지적 성과에 강력하게 영향을 미치는지 이해하는 데 도움이 된다."
    - 같은 책, p. 601.

- 가족 구조는 시험 점수, GPA(평균 성적 평가), 교육 연수에 미치는 영향이 적지만 결석이나 조기 임신 같은 행동 문제 지표에는 상당히 큰 영향을 미친다.
    - McLanahan, Sara S. Parent Absence or Poverty: Which Matters More? Duncan, Greg J., and Brooks-Gunn, Jeanne, Editors. *Consequences of Growing Up Poor*. New York, NY: Russell Sage Foundation, 1997. p. 37.

- 소득은 '편부모 가정의 아이와 정상 가정 아이의 교육 성과가 약 50% 차이 나는 원인'이 된다. 두 집단의 교육 성과가 달라지는 나머지 원인은 '부모(특히 아버지)의 감독'을 덜 받고, 자주 이사해서 '사회적 자본'이 부족하다는 점이다.
  - 같은 책.

- 연구 팀 가운데 한 팀(Teachman 등)을 제외하면 모두 "부모가 자녀 곁에 없으면 아이의 학업 성과에 부정적인 결과로 이어진다"는 점을 발견했다. 그들 팀은 다음과 같다. (1) Hanson, McLanahan, Thomson. (2) Conger, Conger와 Elder. (3) Lipman, Offord. (4) Pagani, Boulerice, Tremblay(학교 생활에 부정적인 영향 있다고 봄). (5) Peters, Mullis. (6) Haveman, Wolfe, Wilson(결손 가정에서 자라면 고등학교 졸업 확률이 낮아진다고 봄). (7) Peters, Mullis. (8) Hauser, Sweeney(대학 입학률과 졸업률이 낮다고 봄).
  - 같은 책, p. 41.

- "가족 붕괴가 단순한 시험 점수보다 전체적인 학업 성과에 더 강하고 지속적인 영향을 미친다는 사실은, 결손 가정 아이들의 학업 성과가 나쁜 것이 인지 능력 때문만이 아니라는 점을 보여준다."
  - 같은 책.

- "이런 발견은 가난이 인지 능력과 학업 성과에 미치는 실제 효과가, 가정 붕괴가 미치는 효과와 동등하거나 그보다 크다는 점을 의미한다."
  - 같은 책, p. 47.

- 복합 가족에서 자라는 아이들은 편부모 슬하에서 자라는 아이들보다 학업 성과 부분에서는 낫지만 행동 문제나 심리적 문제와 관련해서는 부족하다.
  - 같은 책.

- "현실적으로, 끊임없이 가난한 환경에서 살아가는 아이들은 심각한 낙오 위기에 처하는 듯하므로 사회에 공헌할 가능성도 제한된다."
  - Pagani, Linda, Boulerice, Bernard, and Tremblay, Richard E. The Influence of Poverty on Children's Classroom Placement and Behavior Problems. Duncan, Greg J., and Brooks-Gunn, Jeanne, Editors. *Consequences of Growing Up Poor.* New York, NY: Russell Sage Foundation, 1997. p. 338.

- "다양한 요인이 아이의 학업 성과와 시종일관 연관되는 것으로 밝혀졌다. 부모의 교육 수준, 가족의 소득, 부모의 수(부모 둘 다 같이 사는가), 부모의 기대치, 학교와 교사의 특성 등이 몇 가지 주요 요인이다(Haveman and Wolfe, 1995)."
  - Haveman, Robert, Wolfe, Barbara, and Wilson, Kathryn. Childhood Poverty and Adolescent Schooling and Fertility Outcomes: Reduced-form and Structural Estimates. Duncan, Greg J., and Brooks-Gunn, Jeanne, Editors. *Consequences of Growing Up Poor.* New York, NY: Russell Sage Foundation, 1997. p. 421.

- "하지만 부모가 자녀를 위해 더 나은 학습 환경을 마련하는 데 돈이 중요하다는 점은 국립아동보건및인간발달연구소NICHHD의 보육연구 네트워크가 어린이 보육에 관해 모은 데이터와도 일치한다(6장). 이에 따르면 가족 소득은 시설 중심 보육center-based child care을 비롯하여 보육 환경 전반에 중대한 결정 요인이었다."

- Duncan, Greg J., and Brooks-Gunn, Jeanne. Income Effects Across the Life Span: Integration and Interpretation. Duncan, Greg J., and Brooks-Gunn, Jeanne, Editors. *Consequences of Growing Up Poor*. New York, NY: Russell Sage Foundation, 1997. p. 602.

● 아이들의 인지 평가 점수는 아이가 보유한 책 수와 박물관 방문 주기에 영향을 받는다.

- Mayer, Susan E. *What Money Can't Buy*. Cambridge, MA: Harvard University Press, 1997. p. 10.

● "저소득은 돈과 무관한 투자, 이를테면 부모가 자식과 상호작용하는 일과 같은 부분의 질이 떨어지는 원인이다."

- 같은 책, p. 48.

제9장 관계 형성

● 저자는 한 선생과 자신의 형에 관해 말하면서 이렇게 언급한다. "스넬링 선생은 라노의 재능을 보았다. 학교 연극 활동 중이던 라노에게 연기자의 불꽃이 있다는 것을 알아본 것이다. 선생은 학급 연극에서 라노에게 주역을 맡기기까지 했다. 라노는 음악에서도 재능을 보였다. 그리고 스포츠에도 능했다. …그래서 내가 하비에 있을 때 라노는 고등학교에서 잘 해나가고 있었고 멕시코계 아이들의 예외 사례이자 성공담의 주인공이 되었다. 내 상상 속 모델이었다. 곧 그는 라노도 아니고 심지어 호세도 아니게 되었다. 어느 날 그는 조가 되었다."

- Rodriguez, Luis J. *Always Running*. New York, NY: Simon & Schuster, 1993. p. 49.

- 저자는 이렇게 썼다. "나는 여러 집단과 상당한 시간을 보내면서 각 집단이 다른 집단을 사람으로 보게 하려고 노력했다. 그들이 사회 사업가와 환자, 정신과 의사와 환자가 아니라 사람 대 사람으로 대화하길 바랐다. 무엇보다도 사람들의 환경이 어떻든 간에 그들의 좋은 점과 멋진 점을 가치 있게 여길 줄 알게 되었으면 했다. 슬프게도 우리는 한때 자신을 버린 사회에 공헌하려 하고, 그 사회에 쓸모 있는 구성원으로 보일 권리를 얻으려고 분투하는 사람들에게서 바로 그 점을 배워야 한다."

  – Capponi, Pat. *Dispatches from the Poverty Line*. Toronto, Ontario, Canada: Penguin Books, 1997. pp. 187-188.

- "때때로 나는 우리가 어떤 가난한 사람, 가난의 비참을 겪고 있는 사람을 상상한 뒤 그 비참을 여러 부분으로 나누는 게 아닌가 생각한다. 그런 뒤 그 동떨어진 비참의 조각들에 관해 가정한 바를 토대로 거대한 지원 시스템을 만드는 것이다.

  그 조각들이란

  복지
  아동 원조
  교정
  중독
  거주지
  식량 은행
  정신 의학
  무료 상담 센터
  등이다."

"그리고 복지 사업에 종사하는 사람들을 계속해서 모두 고용할 수 있
게 되고, 때로는 특정 부분(위에 나오는 여러 조각)에서 비약적으로 발
전하기까지 하면서, 우리는 그 모든 비참이 솟아나는 근원과 개개인
을 반복해서 놓친다."
- 같은 책.

● "수술은 성공이지만 환자는 죽는다."
- 같은 책.

맺음말

● 작가가 책에서 의문을 제기하는 또 다른 생각은 "압력을 받으면 가난
한 사람들도 일하면서 자급자족할 수 있다"는 것이었다. 한마디로 이
런 생각은 '가난의 문화' 가 항속하도록 하는 것으로, 정치과학자 에
드워드 밴필드Edward Banfield가 1970년에 써낸 책에서 현대 미국의
정황을 언급하면서 처음으로 편 논리다.
- Samuelson, Robert J. "The Culture of Poverty." Newsweek. May 5. 1997. Volume 129. Number 18. p. 49.

● 자유는 한 사람이 누리는 선택의 양으로, 그리고 '탈결핍 사회post
scarcity society에서 인적 자원이 발전하는 정도' 로 정의된다.
- Sennett, Richard, and Cobb, Jonathan. The Hidden Injuries of Class. London/Boston: Faber and Faber, 1993. First published in U.S.A. in 1972 by Alfred A. Knopf, New York, NY. p. 74.

● "미시간 소득역학연구패널Michigan Panel Study of Income Dynamics이

조사한 결과에 따르면 이런 아이들 중 과반수가 어린 시절 내내 가난에서 벗어나지 못할 것이고, 이에 따라 가난이 대물림될 확률이 더 높아질 것이다(Duncan, 1984, 1991) ('이런 아이들'이란 '장기간 물질적으로 어려움을 겪는 아이들'을 뜻한다).

- Pagani, Linda, Boulerice, Bernard, and Tremblay, Richard E. The Influence of Poverty on Children's Classroom Placement and Behavior Problems. Duncan, Greg J., and Brooks-Gunn, Jeanne, Editors. *Consequences of Growing Up Poor.* New York, NY: Russell Sage Foundation, 1997. p. 338.

- "재혼한 십대 엄마가 되는 것과 낮은 성취를 나타내는 다양한 지표(이를테면 고등학교 중퇴, 복지 자금 수혜자, 빈곤, 노동 인구에서 제외되는 것) 사이에는 밀접한 연관성이 있다."

    - Haveman, Robert, Wolfe, Barbara, and Wilson, Kathryn. Childhood Poverty and Adolescent Schooling and Fertility Outcomes: Reduced-form and Structural Estimates. Duncan, Greg J., and Brooks-Gunn, Jeanne, Editors. *Consequences of Growing Up Poor.* New York, NY: Russell Sage Foundation, 1997. p. 421.

- "…1986년부터 1992년 사이에 미국의 십대 출산 수는 47만 2,000에서 51만 8,000건으로 늘어나 거의 5만 건이 증가했다."

    - 같은 책, pp. 421-422.

- "십대 출산의 과반수(약 3분의 2)가 백인 아이들에 해당하기는 하지만, 그 비율은 점차 낮아졌다. 1989년에 15세에서 19세 사이 아프리카계 여자는 이 나이대 여성의 15.7%밖에 안 되었으나, 십대 출산의 35%를 차지했다. 사실 십대 출산은 아프리카계 여성의 출산 전체에서 거의 4분의 1을 차지한다."

    - 같은 책, p. 422.

- "십대 미혼모에게서 태어나는 아이는 삶의 출발이 공평하지 않다. 이 아이들은 가난한 편모 가정에서 자랄 확률이 높고, 가난한 하류층 지역에서 살게 될 확률도 높으며, 건강 상태와 잠재적 학업 성과도 좋지 않을 공산이 크다."
  - 같은 책.

- "게다가, 십대 미혼모 가운데 비교적 적은 수만이 고등학교를 졸업한다."
  -같은 책.

- "낮은 학업 성적, 동일 학년 반복, 교실 내 처신 문제는 흔히 학교 중퇴, 청소년 출산, 무직, 비행의 전조가 될 때가 많다. 가난한 아이들이 그렇지 않은 아이들보다 이런 문제를 두 배 많이 일으킨다는 점은 '빈곤의 악순환cycle of disadvantage'이 여전하다는 뜻이다. 효과적인 개입 방안을 발견하여 적용하지 않으면, 이 아이들 중 상당수는 무직에 가난하거나 의존적인 부모가 되어 자신처럼 위기에 처한 세대를 또다시 만들어낼지 모른다."
  - Zill, Nicholaus. "The Changing Realities of Family Life." *Aspen Institute Quarterly*. Winter 1993. Volume 5. Number 1. p. 39.

부록

공동체의 지속 가능성은 이제 전 세계의 공동체와 국가들이 직면한 과제다. 세상에는 혁명적인 변화가 몇 차례 일어났다. 수렵 사회가 농업 사회로 변했고, 산업 혁명이 일어났으며, 정보 시대가 도래했다. 그리고 이제 우리는 자원을 어떻게 활용하면서 환경을 보존할지, 그와 동시에 귀중한 자원을 어떻게 우리 자손들에게 물려줄지 결정해야만 한다.

A Framework *for* Understanding Poverty

ADDITIVE MODEL
첨가 모델 : 학교의 성과를 높이는 접근 방법*

우리의 사명은 전 세계 빈곤층 개인의 삶과 교육에 긍정적으로 영향을 미치는 것이다. 이 사명은 빈곤층 생활상, 빈곤의 원인 연구, 루비 페인 박사의 경제적 다양성 연구와 통찰을 기반으로 한다. 우리가 다루는 문제는 경제 안정성, 개인과 가족과 공동체를 위한 자원 개발, 공동체 지속 가능성이다. 특히 빈곤층, 중산층, 부유층에 속한 사람들을 문제 해결자로 인식하는 첨가 모델을 제시한다. 여기에서는 해결책, 책임 공유, 새로운 통찰, 상호 의존에 초점을 맞춘다. 이것은 유대감과 관계에 관한 것, '우리'에 관한 작업이다.

* 필립 E. 데볼 Philip E. Devol

'빈곤층 심리 모형' 만들기

대물림되는 가난에 처한 사람들, 저임금 직업에 종사하는 사람들을 직접 찾아가서 그들의 구체적인 경험을 들어보는 일은 지식 있는 전문가에게서 배우는 것과 같다. 경제 사다리의 밑바닥에 있는 가정의 일생은 격렬하고 스트레스가 심하다. 자동차와 공공 교통은 신뢰하기 어렵고 불충분하며, 저임금 일자리는 왔다가 가고, 주거지는 붐비고 매우 값비싸고, 시간과 에너지는 병자를 돌보고 의료 서비스를 받아내려는 데 소비되며, 중산층과 소통하는 일은 대부분 모욕적이고 언짢다. 빈곤층 사람들에게 일반적인 셈법은 통하지 않는다. 거주 비용은 너무나 높은 반면 임금은 너무나 낮아서 두 가구가 한 집에 살아야 하는데, 주로 가족들과 같이 살기는 하지만 알지도 못하는 사람과 살 때도 많다. 이런 빈곤층 심리 모델의 모든 요소는 서로 맞물린다. 자동차가 시동이 걸리지 않으면, 거기에서부터 연쇄 반응이 이어지면서 약속에 못 가고, 직장에 지각하고, 직업을 잃고, 방을 구하는 일이 일어난다. 빈곤층 사람들은 약할 수밖에 없다. 가솔린 가격이 1갤런에 2.2달러로 오르면, 기름 넣으려고 반나절을 일해야 한다는 뜻이 될 수도 있다. 그날그날 닥치는 위기에 신경이 집중되어 있기에, 파울로 프레이리가 말한 '순간의 횡포tyranny of the moment'에 휘둘리게 된다. 피터 슈워츠Peter Swartz는 말한다. "움직여야 한다는 필요가 배우려는 의지를 모조리 저지해 버린다." 이런 식으로 가난은 사람들에게서 미래와 교육 의지를 도둑질한다. 그들이 살아남는 데는 진정한 선택 능력보다 '반응 기술'이 필요하다. 마지막으로 가난은 사람들에게서 힘을, 문제를 해결하여 환경을 바꾸어나갈 힘을, 다시 말해 꿈을 현실로 만들어낼 힘을 앗아간다.

계속해서 이들에게 귀 기울이면, 빈곤층 사람들이 이런 환경을 극복하려고 서로 의존하는 관계를 형성하고 용기와 유머로 문제를 극복하려 한다는 점을 알게 된다. 머물 곳을 제공하고, 먹을 것을 주고, 일터에 데려다주고, 아이를 돌봐주는 것은 가족과 친구와 지인들이다. 차가 고장 났을 때 전화하는 곳은 미국자동차협회가 아니라 레이 삼촌이다. 빈곤층 사람들은 순식간에 관계를 형성하는 데 대가다. 무엇보다도 그들은 문제 해결사다. 하루 종일, 시급하고 구체적인 문제를 해결한다.

안타깝게도 우리 사회에서 현재 작동되는 심리 모형은 빈곤층 사람들이 궁핍하고, 부족하고, 병들었으며, 믿을 수 없다는 것인 듯하다. 다시 말하지만 이것은 그저 귀를 기울이기만 하면 알 수 있다. 정책 결정자들, 방송 논평자, 납세자들, 노력하지 않고 동기가 부족하고 게으르며 기타 등등인 사람들에게 자기가 낸 세금이 돌아가지 않기를 바라는 사람들에게 귀 기울여보면 된다. 우리 사회에 깔려 있는 심리 모형을 알아내기 위한 또 한 가지 방법은 현재 적용되는 프로그램을 관찰하고 거꾸로 되짚어보는 것이다. 보조금을 평생 3년에서 5년으로 제한하는 것이나, 90일 의료 서비스, 워크 퍼스트Work First(자급자족하라는 것을 전제로 삼은 복지 방안) 등을 보면 빈곤층이 궁핍하고, 모자라며, 병 들었다고 생각하는(즉 이것이 그들의 심리 모형이라는 뜻) 사람들이 느끼는 좌절이 드러난다.

이런 부정확한 심리 모형을 뒷받침하는 것은 개념적인 이야기보다 연속극을, 동향과 전반적 영향보다 사사로운 이야기를 좋아하는 언론이다. 따라서 대중은 가상의 '복지 여왕' 이야기는 들을지언정 포괄적인 연구 내용은 듣지 못한다. 우리는 우선 빈곤 관련 연구를 철저하게 이해해야 한다.

빈곤 연구 조사

《워킹 푸어 : 빈곤의 경계에서 말하다The Working Poor》라는 책의 저자 데이비드 시플러David Shipler는 미국 사람들이 빈곤의 원인을 혼동하고 그 결과 빈곤을 어떻게 다룰지도 혼란스러워한다고 말했다(Shipler, 2004년). 빈곤 연구를 빠르게 분석해 보기 위해, 우리는 다음 네 개의 묶음으로 분야를 나누어보았다.

- 개개인의 행동
- 공동체 내 인적 자본과 사회적 자본
- 착취
- 정치, 경제 구조

지난 40년간 빈곤 관련 논의를 지배한 것은 두 분야의 전문가들이었다. 즉 빈곤의 '진정한' 원인이 개개인의 행동이라고 보는 사람들과 빈곤의 '진정한' 원인이 정치, 경제 구조라고 보는 사람들이 있었다. 전자는 빈곤층 사람들이 시간을 잘 지키고, 술에 취하지 않고, 동기 부여만 된다면 가난을 제거하지는 못해도 줄일 수 있다고 주장한다. 이들이 보기에 해답은 개개인의 의지다. 여론은 이러한 연구를 복제한 듯 비슷한 양상을 보인다. 투표권자 가운데 40%는 빈곤이 주로 개개인의 노력 부족 때문이라고 말했다(Bostrom, 2005년). 반대편 진영의 주장은 현재 진행되는 세계화 때문에 제조업 일자리가 부족해지고, 공동체가 최저 임금으로 노동력을 제공하여 사업을 유치할 수밖에 없게 되어, 정규직에서 일해도 여전히 가난한 상황이 벌어지기도 한다는 것이다. 거의 무승부가 되어버린 승부처럼, 투표권자의 39%는 가난이 주로 개인의 통제를 벗어난 환경 때문이라고 보았다. 아쉽게도 양쪽 다 '이것 아니면 저것' 이라고 주장하는 경향을 보이며 하나만 진실이라고 여기는 듯하다.

'이것 아니면 저것' 이라는 태도는 그다지 좋은 결과를 낳지 못했다. 가난의 원인이 두 가지 다에 있다는 현실을 인식해야만 한다. 가난은 개인의 행동 때문에도 발생하고 정치, 경제적 구조 때문에도 발생한다. 그리고 그 사이에 있는 모든 것들 때문에도 그렇다. 위에 언급한 네 가지 연구 분야의 정의와 주제 예시가 다음 페이지에 수록되어 있다.

통상, 공동체는 첫째 분야인 '개인의 행동'에 상당히 힘을 쏟는다. '워크 퍼스트'는 1996년 복지개정법(정식 명칭은 개인책임및노동기회조정법)의 핵심 주제 가운데 하나다. TANF(Temporary Assistance to Needy Families : 저소득 가정을 위한 일시적 재정 지원) 단체는 사람들이 일하게 하는 데 초점을 맞추었다. 핵심은 어떤 일이든 일자리를 구하고 일을 배우는 것이 직업 훈련을 받거나 치료를 받는 것보다 중요하다는 이야기다. 공동체 시설은 약물 남용과 정신 건강 문제에 치료 서비스를 제공하고, 금전 관리 강좌, 문맹, 십대 임신, 언어 체험 등 관련 프로그램을 열었다. 이런 시설의 사명은 빈곤 문제를 직접적으로 다루기보다 공존하는 문제들을 해결하는 것이다. 이들은 모두 고객들에게 행동을 바꾸라고 장려하면서, 계획과 계약을 활용해 변화를 기록하고 관리하며, 치료 계획을 따르지 못하는 사람들에게 제재를 가하기도 한다.

인적 자본과 사회적 자본을 개선하려는 시도에 관한 방안으로는 헤드스타트, 인력투자법 프로그램WIA program, 원스톱센터(취업 알선 프로그램), 근로소득 세액 공제Earned Income Tax Credit, 기타 빈곤 퇴치 프로그램 등이 있다. 이 분야에서도 책임과 제재가 공동체 단체를 평가하고 동기를 부여하는 데 사용된다. 특정 기준을 맞추지 못하는 학교는 국가에 인수되고, 특정 기준을 맞추지 못하는 TANF 단체는 인센티브 펀드를 받지 못한다. 이것은 저임금 노동자를 지원하는 프로그램을 맹목적으로 비판하려는 말이 아니다. 실상 프로그램을 활용하는 사람들에게는 상당히 의미 있는 프로그램이 많다. 다만 이 두 가지 분야에만 초점을 맞춘다는 점이 문제라는 말이다.

공동체가 빈곤층을 착취하는 사람을 제지하거나, 대체하거나, 제재하는 전략을 개발하는 경우는 드물다. 빈곤 퇴치를 담당하는 단체들조차 때로는 이것을 간과한다. 부분적으로 이것은 공동체 서비스를 세분화하기 때문이다. 빈곤층 지원 책임을 맡은 단체에서 일하는 사람들은 착취자가 자신의 책임이라고 여기지 않고, 법 집행이나 정책 결정자의 책임이라고 여긴다.

세분화는 가난의 원인이 정치, 경제적 구조일 때 더더욱 뚜렷이 나타난다. 공동체 경제 개발은 시장 시스템, 개발자, 사업체, 기업, 상공회의소, 공직자의 손에 맡겨진다. 빈곤층을 접하는 사람들은 보통 경제 발전 문제와 관련한 논의에서 자신의 역할이 따로 없다고 생각하고, 마찬가지로 사업하는 사람들도 자신의 사업과 빈곤층의 복지가 직접적으로 연관되지 않는다고 생각한다. 그러나 현실적인 면에서, 정부나 기업체 활동은 삶의 질과 직접적으로 연관된다. 빈곤층 사람의 상황은 이렇게 정리할 수 있다. '특정 기술의 직업 교육을 받아 일자리를 구하고도 여전히 가난할 소지가 있다.'

　이런 현실 때문에, 공동체는 위의 두 가지 부분이 아니라 네 가지를 모두 아우르는 전략을 개발해야만 한다. 위의 두 가지 연구 분야에만 계속 초점을 맞춘다면 똑같은 결과만 조장하는 셈이다. 한마디로 가난이 확대된다. 네 분야 모두 훌륭한 연구 자료가 있다. 공동체는 자원과 지속 가능성을 만들어내기 위해 반드시 네 분야에서 모두 전략을 개발해야 한다.

　《빈곤 지식Poverty Knowledge》의 저자 앨리스 오코너Alice O' Connor는 우리 사회가 일반적으로 인종과 성이라는 프리즘으로 가난을 바라보았다고 말한다. 그러면서 또 다른 분석 범주, 즉 경제 계급이라는 범주가 필요하다고 이야기했다(O' Connor, 2001년). 루비 페인 박사는 1996년에 쓴 독창적인 책 《계층이동의 사다리》에서 바로 그 프리즘을 제시했다. 그 후로 아하!프로세스는 여러 책과 동영상과 실천 지침서를 발표하여 네 분야를 아우르며 빈곤을 다루었다.

빈곤의 원인

1 개인의 행동
정의 : 빈곤층 사람들의 선택, 행동, 특징, 습관 연구
주제 예 :

복지자금에 의존	인종주의와 차별
도덕성	성취욕
범죄	지출 습관
편부모 양육	중독, 정신 질환, 가정 폭력
가정 붕괴	계획 능력
세대간 성격 특징	미래에 대한 태도
직업윤리	언어 체험

2 공동체 내 인적 자본과 사회적 자본
정의 : 개인과 공동체와 사업체가 사용할 수 있는 자원 연구
주제 예 :

지적 자본	일하는 가정을 위한 탁아 서비스
사회적 자본	인근 지역 쇠퇴
일자리	도덕성 쇠퇴
급여가 좋은 일자리	도시화
인종주의와 차별	제조업 교외화
교육의 질과 공급량	중산층 이주
적절한 기술 집합	도시 계획과 지역 계획

3 착취
정의 : 빈곤층 사람들이 가난하기 때문에 착취되는 상황 연구
주제 예 :

약물 거래	도박
인종주의와 차별	협동(팀워크)
현금 선지급 업체(일종의 대부업)	노동 착취 공장
리스 판매점(임대로 쓰다가 만기에	인터넷 신용 사기
구입하는 방식)	성매매

4 정치, 경제적 구조
정의 : 국제적 · 국가적 · 지역적 차원에서 경제적 · 정치적 · 사회적 정책 연구
주제 예 :

세계화	과세 패턴
기업이 입법자들에 미치는 영향	공장 노동자와 CEO 임금 비율
쇠퇴하는 중산층	이민 패턴
탈산업화	경제적 격차
실직	인종주의와 차별
노동 조합의 쇠퇴	

변화의 필요성 : 문제 파악과 해결책 찾기

가난, 교육, 의료, 정의, 공동체 지속 가능성을 다루려는 공동체나 단체는 어떤 곳이든 자신이 '변화를 추구한다'는 점을 인식해야 한다. 개인의 행동 변화든, 공동체 접근 방법에 대한 변화든, 또는 정치, 경제의 구조 변화든 간에 말이다. 달리 표현하자면, 정부 단체든 사설 단체든 행동이나 현상을 현재 그대로 유지하려고 돈을 받는 곳은 없다. 우리가 변화를 추구하는 까닭은 무엇인가가 잘못되었다고 여기기 때문이다.

문제 정의하기는 문제 해결의 첫걸음이자 가장 중요한 단계다. 문제가 정확히 명명되지 않으면, 그릇된 가정을 토대로 행동해 봐야 점점 더 해결책에서 멀어질 것이기 때문이다. 따라서 문제를 정확하게 정의하는 일, 즉 올바르게 진단하는 일이 핵심이다. 바로 그 정의를 토대로 변화 이론과 프로그램 활동을 만들어나가기 때문이다.

하지만 문제 진단은 생각만큼 간단하지 않다. 문제가 있다는 점은 뭔가가 부족하거나 모자라거나 단점이나 장애가 있기 때문 아니겠는가? 바로 이 지점에서, 관련자들은 이른바 결핍 모형이라는 것으로 빠져든다. 이 모형은 윌리엄 밀러William Miller가 정위반사righting reflex라고 부른 것에서 비롯한 듯하다. 밀러에 따르면 "인간은 바로잡으려는 욕망이 내재되어 있는 듯싶다(Miller, 2002년)." 우리는 뭔가 잘못된 것을 보면 고치고 싶어진다. 이런 태도는 개인의 문제에만 한정된다면 바람직하고 좋으나, 타인을 향하기 시작하면 곧 매력을 잃고 의문을 불러일으킨다. 문제를 명명하는 사람이 누구인가? 어떤 사람에게 문제가 되는가? 어떤 증거를 제시했는가? 얼마나 폭넓게 또는 깊게 조사했는가? 소수 문화 사람들, 피지배 집단 사람들은 위와 같은 질문부터 던진다. 주류 문화에서 결핍되었다고 지적하는 것은 다름 아니라 피지배 집단의 자녀 양육 방식, 그들의 언어 사용, 그들의 문제 해결 전략이기 때문이다. 누구도 자신에게 부족하다는 딱지가 붙기를 바라지 않는다. 따라서 정위반사가 결핍 모형으로 이어지는 것을 좋아하는 사람은 거의 없고, 좋은 이유로 그것을 지키려는 사람은 더더욱 없다.

결핍 모형은 아버지도 어머니도 없다. 누구도 자기가 아버지라고, 어머니라고 주장하지 않지만 그것을 사용하는 사람 아니면 사용하는 것처럼 보이는 사람에게 그 불명예가 돌아간다. 어떤 사람은 제임스 콜먼James Coleman(강제 버스 통학의 아버지로 불린다)이 그 모형을 제안했다고 한다. 그의 연구를 검토한 어떤 글에서, 글쓴이는 이런 명칭을 반박했다. 사상 최대의 연구 프로젝트 가운데 하나였던 교육 연구에서, 콜먼은 경제 계층과 성취를 심도 있게 논했다. 콜먼의 작업을 정책에 반영하면서 단순화한 사람들은 "고쳐야 해!"라는 압박을 느낀 입법자, 사업가, 교육 행정가 등이었다. 여기에서 배울 점이 두 가지 있다. 첫째, 결핍 모형은 단순하다. 연구 결과를 지나치게 단순화하여 정위반사를 적용한다. 둘째, 연구가 있고, 그것을 사용하는 사람이 따로 있다.

문제가 어떻게 진단되는지, 그리고 문제 진단과 결핍 판단 사이의 차이가 무엇인지 더 깊이 살펴볼 필요가 있다. 결핍 모형은 문제를 명명하고서 개인을 비난한다. 개인이 변해야 한다면서, 사회는 바꾸지 않아도 된다고 한다. 그러나 문제를 명명하고도 개인을 비난하지 않을 수도 있다. 예를 들어 (아무리 갖다 붙이려 해도 결핍 모형의 전문가라고 할 수 없는) 제임스 P. 코머James P. Comer는 아이의 학업 성과에 가정 환경이 중대한 요인이라고 지적하기는 한다. 그는 과학(뇌 연구)을 끌어들여 아이가 취학 전에 경험하는 양육자의 중재(현실 해석)와 취학 후에 지속적으로 경험하는 중재가 서로 영향을 미친다고 주장했다. 코머의 말을 인용하자. "[중재개] 없으면 아이는 타고난 '감각'(지적 잠재력)을 잃어버릴지 모른다. 취학 전에 긍정적 발달 체험을 한 아이는 학교에서 성공할 수 있는 특정 믿음, 태도, 가치관을 습득한다. 이뿐만 아니라 사교 기술, 언어 기술, 문제 해결 기술, 인맥, 힘도 습득한다. 이들은 교직원에게서 긍정적 반응을 이끌어내고 그들과 교류하는 능력이 뛰어나다." 다르게 해독하면 이것은 저소득 가정을 결핍되어 있다고 분류하는 것처럼 비칠지 모른다. 물론 그것은 시스템에 존재하는 문제를 코머가 인식했기 때문이 아니다. 그것은 한 사람이나 한 집단의 잘못이라고 할 만큼 단순한 것이 아니다. 코머의 작업은 그의 모형이 진정 어떤 것인지 드러내준다(Comer, 2001년).

결핍 모형은 그것을 낳은 아버지도 어머니도 없는 듯하며, 연구자의 결과물도 아니고 정책 결정자의 결과물도 아니라는 사실에도 (그리고 문제 정의와 혼동되기 쉽다는 사실에도) 불구하고, 여전히 실존한다. 결핍 모형의 특징은 그것이 개인 차원에서 문제를 바로잡는 방식이고, 따라서 개인을 바로잡는 데 초점을 맞춘다는 점이다. 주변 환경은 개인의 특성으로 해석되고 개인은 점차 부정적으로 정형화된다. 개인의 소질, 재능, 기술은 사라진다.

결핍 모형에서 "컵은 반이 빈 것으로 보인다." 이것은 "당신은 안 돼"라는 메시지로 바뀌고, 보호하고 보살펴주고 싶다는 충동이 일어난다. 그런 까닭에 '특수 수요', '특수 프로그램', '특별실', '특별 직원'이 생겨났다. 이것은 하나같이 의존으로 이어지고, 의존을 더욱 강화한다.

직원 교육이 부족하면 전문가의 태도에, 개인의 성향에, 부정확한 가정에 나타나는 결핍 모형을 일으킬 소지도 있다. 코머의 말을 보자. "성공한 사람들 상당수는 자신의 상황이 자기 능력과 노력 덕분이라고 생각하는 경향이 있다. 자기가 덜 성공한 사람들보다 더 자격이 있다고 생각하는 것이다. 그들은 자신이 가족과, 친척이나 친구와, 학교와, 힘 있는 타인들에게서 받은 지원을 무시한다. 그들은 청소년 발달 지원을 개선할 필요가 없다고 여긴다(Comer, 2001년)." 교육받지 않으면, 사람들은 결핍이 없는 곳에서 결핍을 보기 쉽다. 일찌감치 일어나서 집 밖에 있는 우물에서 펌프로 물을 길어 나른 후 학교에 가면 엄마가 손으로 일 주일에 한 번 옷을 빨아주는 아이는, 등교 전에 자기 집 화장실에서 샤워할 수 있고 엄마가 세탁기를 쓰는 아이보다 지저분하고 말쑥하지 못하며 물질적 자원이 부족한 듯 보일 것이다. 앞의 아이는 자원과 기술이 있더라도 그런 능력을 선뜻 보여주지 못한다.

이런 점을 잘 이해하지 못하면 떨쳐내기 어려운 편견에 사로잡힐 소지가 있다. 학교나 지원 단체가 개개인에게 그들의 기술과 자원을 보여줄 방법을 제공하지 않는다면, 컵은 언제나 반이 빈 것으로 보일 것이다.

학교 성적 부진, 약물 사용, 십대 임신, 기술 부족, 산발적 취업, 범죄 행위, 가난 등에서 문제가 발견되어, 바로잡기 프로그램이 적용된다. 교사 지도자 모임Teacher Leaders Network의 온라인 토론에 참여한 한 사람은 결핍 모형 프로그램을 비유해 말했다. "저희는 그걸 '닭 조사관' 방식이라고 불러요. 그러니까 닭 조사관은 잘못된 부분을 찾아내도록 훈련받았기 때문에 거기에 집중해서 잘못된 것을 찾아내죠. 잘못된 것을 찾아낼수록 자기가 일을 잘한다고 느낄 테고요."

결핍 모형은 프로그램 설계까지 침투한다. 입법자들과 전문가들은 정책을 결정하고 그에 필요한 조직과 프로그램을 만든다. 각 조직은 자신의 영역에 해당하는 부분을 바로잡아야 한다. 이렇게 가장 최근에 발생한 문제에 대응하다 보면 문제를 두서없이 다루게 되고 개인의 행동에 초점을 맞춘 개선 프로그램을 만들어내면서, 오히려 가족과 주민들과 공동체와 사회 정치적·경제적 구조로 구성된 시스템 전체를 간과하고 만다.

그렇다고 정책 결정자나 프로그램 설계자들이 의도적으로 결핍 모델을 적용하려고 한다는 뜻은 아니다. 아마도 다른 접근 방법을 선택했지만 여러 가지 이유로 자신이 지지한 이론(자기가 한 말)을 고수하지 못하고 '사용론'(시행된 것)으로 빠져버리는 것일 텐데, 그것이 결핍 모델에 가까운 것일 뿐이리라(Senge, 1994년). 어쩌면 이렇게 되는 가장 흔한 까닭은 개인의 행동보다 조직이나 공동체나 시스템의 행동을 계획하고 감독하고 제재하기가 어렵기 때문일 것이다 (Washburne, 1958년). 결핍 모델이 강력하다는 점은 사실이고, 우리는 쉽게 그것에 기대게 된다.

결핍 모형의 반대 진영에는 결핍 모형과 다른 것을 제공하는 모형이 여러 개 있다. 이것은 여러 가지 이름으로 불리는데 몇 가지만 이야기하자면, 긍정 모델, 발달 자산 모델, 능력 모델, 가치 중심 모델, 장점 중심 모델이 있다. 이 밖에도 모델을 만든 사람이나 단체의 이름을 빌린 경우도 있다. 몇 가지만 언급하자면 건강 실현Health Realization, 회복력 작용Resiliency in Action, 코머 모델, 동기 부여 인터뷰Motivational Interviewing 등이 있다. 각각의 모형에는 독특한 이론과 시행 방법이 있으나, 이것들의 한 가지 공통 분모는 "컵이 반이나 차 있다"라고 본다는 점이다.

긍정적 모형 역시 비판하는 사람이 없지는 않다. 예를 들어 아동 보호 전문가들은 학대의 희생양인 아이의 행동과 특성을 강점으로 리프레임하는 방식이 순진하다고 꼬집는다. 아이가 아무리 회복력이 좋다 하더라도, 어른의 행동이나 자기 주변 환경을 통제할 힘이 거의 없다는 사실은 변하지 않는다는 말이다. 교육자들은 빈곤층 아이들이 그 몇 년 동안, 심지어 성인보다 위험에 더 많이 노출된다고 말한다. 어떤 면에서 이런 아이들은 자신에게 어른 같은 능력이 있어서 자신을 돌볼 줄 알고 큰일도 결정할 수 있다며 자부심을 느낄지도 모른다. 그러나 교육자들은 이런 태도를 받아들여야 할지 의문을 던져

봐야 한다고 경고한다. 크레이그 소터Craig Sautter가 최근에 쓴 글에 따르면 "우리 어른은, 아이들이 어른이 아니라는 점을 명심해야 한다. 아이들은 아직도 많이 성장해야 하고 발달해야 할 부분도 많으며, 성장하는 동안 이들을 도와줄 어른의 안내가 필요하다(Sautter, 2005년)."

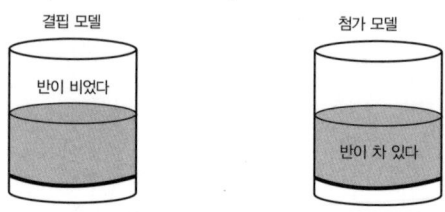

루비 페인이 사용하는 방법을 가리키는 첨가 모델은 정확한 문제 인식에 긍정적이고 장점을 토대로 한, 공동체 차원의 변화 방법을 접목한다. '컵이 반이 빈(반이 차 있는)' 모형을 세 개의 경제 계층에 적용하면, 아하!프로세스의 방식은 아래와 같이 나타날 것이다.

빈곤층 사람

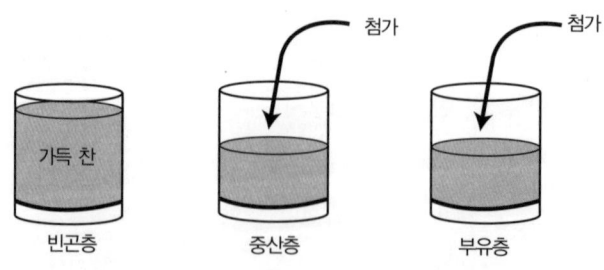

빈곤층에서 살아남으려면 반응이 빠르고 민감해야 하며 비언어적 기술이 있어야 한다. 이것은 상황을 파악하고, 관계를 형성하고, 긴급하고 구체적인 문제를 빠르게 해결하는 능력이 있어야 한다는 뜻이다. 이런 환경에서 이들은 컵이 가득 차 있다. 즉 생존하는 데 필요한 자산과 힘이 있다는 뜻이다.

빈곤층 사람이 중산층 환경, 다시 말해 중산층 일터나 학교나 다른 단체에 가면 그 환경에서 생존하는 데 필요한 몇몇 자산이 부족할 것이다. 이 환경에서 필요한 자산은 주도적으로 행동하고 추상적으로 생각하는 능력과 언어적 기술이기 때문이다. 첨가 모델은 경제 계층의 불문율과, 자원 형성에 필요한 토대를 활용하여 어떻게 컵의 빈 부분을 채워나갈지 이야기한다.

중산층이 부유층 환경에 놓이게 될 때도 마찬가지로 컵의 빈 부분이 생길 테지만, 앞에서보다 더 많아질 것이다.

중산층 사람

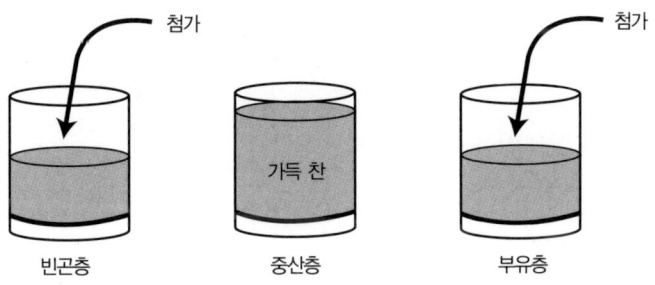

중산층 환경에서 자란 사람들은 빈곤층이나 부유층 사람이 각 계층의 불문율과 태도와 생존 수단을 익히는 것과 같은 방식(즉 침투 또는 흡수)으로 중산층에 필요한 자산을 형성한다. 자신의 환경에서 살아남는 방법을 터득하기 위해 개인이 해야 할 일은 사실 숨쉬기뿐이다. 따라서 개인이 자신이 성장한 것과 동일한 환경에 머무르는 한 컵은 가득 찬 상태 그대로다. 그러나 그 사람이 갑자기 가난해진다면, 아니면 단지 빈곤층 지역에서 살게 되기만 하더라도, 거기에서 살아남는 데 필요한 자산이 있을까? 이때 컵은 반이 비게 될 것이다. 하지만 중산층과 빈곤층 사람들이 같은 곳에서 만나게 되기도 한다. 중산층 사람이 운영하는 단체에서 두 계층이 만날 때다. 이런 시나리오에서는 양쪽 집단 모두 컵이 반만 차 있게 된다. 상대 계층 사람들의 자산이나 가치관이나 규칙을 이해하지 못하기 쉽기 때문이다. 바로 이 부분에서 첨가 모델이 도움이 될 수 있다. 첨가 모델은 문제를 진단한 뒤 통찰과 인식을 얻게 해준다. 관계를 형성하고, 양쪽 모두에게 더 나은 결과가 나오게 길을 열어준다.

 중산층 사람은 부유층 사람과 교류할 경우 빈곤층 사람이 중산층의 규칙을 모르는 것 이상으로 부유층의 생존 규칙을 모를 가능성이 있다.

 첨가 모델은 부유층 사람에게도 도움이 된다.

부유층 사람

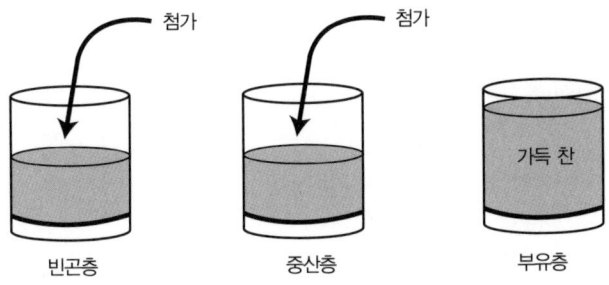

부유층, 중산층, 빈곤층이 엇갈리는 지점에서 첨가 모델이 도움이 될 수 있다. 부유층 사람들은 인맥과 영향력과 힘이 있기에, 중산층이 운영하고 빈곤층이 사용하는 기관의 지침과 정책을 설계하는 위치에 있을 때가 많다. 부유층 사람의 빈곤층 컵과 중산층 컵이 절반만 차 있고 그가 아는 생존 법칙이 부유층의 생존법뿐이라면, 비효율적이고 비생산적인 정책을 만들어낼 소지가 있다.

이제 첨가 모델을 좀 더 잘 이해하기 위해, 내용과 핵심 개념을 살펴보자.

자원

● **자원** : 다음 자원은 아하!프로세스에서 개발한 '삶의 질' 척도다.

- 재정
- 감정(정서)
- 심리
- 영적(정신적)
- 신체
- 지원 시스템
- 관계, 역할 모델
- 불문율 지식

> ● **가난** : 개인이나 공동체가 이런 자원이 없는(부족한) 정도
> ● **부유함과 지속 가능성** : 개인이나 공동체가 이런 자원이 있는(충분한) 정도

이 정의에 따르면 어떤 사람이 재정 자원은 부족하지만 다른 자원은 매우 넉넉할 수도 있다는 점이 쉽게 드러난다. 물론 정반대도 가능하다. 재정 자원은 넉넉하지만 다른 면에서는 가난할 수도 있다.

이 방식은 각자의 상황이 다르다는 사실을 강조하고 각각의 문화를 고려한다. 하지만 일반적으로 첨가 모델은 자원이 부족한 쪽보다는 넉넉한 편이 좋다고 본다. 기본 비용을 지출하지 못할 만큼 가난한 것보다는 재정적으로 안정된 편이 낫다. 고립되어 살기보다는 여러 사람과 긍정적 관계를 맺는 편이 좋다. 정서적으로 파괴적인 상태보다는 감정을 인식하고 행동을 선택하며 사람들과 잘 지내는 편이

낫다.

첨가 모델은 또 다음과 같은 관점에 동의한다.

- 자원은 공동체, 가족, 개인이 만들어내야 한다. 사실 자신과 가족과 공동체를 위해 자원을 생산하는 것이 개인과 가족과 공동체의 적절한 기능, 바꿔 말하면 '일'이다.
- 자원을 생산하는 최적의 방식은 강점을 활용하는 것이다. 부족한 자원과 약점과 없는 것에 집중하면 재미도 없을 뿐 아니라 효과도 적다.
- 우리는 빈곤 연구의 네 분야 모두에 걸쳐 자원 생산 전략을 설계해야 한다. 공동체가 빈곤 퇴치 전략을 설계할 때 개인의 행동에 집중하면 결핍 모형이 적용된다.

경제 계층들의 불문율에 관한 루비 페인의 연구는 아하!프로세스 접근 방법의 또 다른 핵심 요소다. 빈곤과 부의 문제를 살펴볼 새로운 렌즈를 제공하는 것은 바로 이런 분석적 분류 방법이다. 여기에서도 정의를 훑어보면 첨가 모델을 더 명확히 이해할 수 있게 될 것이다.

경제 계층들의 불문율

- **불문율**: 특정 집단의 무언의 신호나 관습을 말한다. 어느 집단이나 불문율이 있다. 우리는 자신의 말이나 행동을 특별히 설

명할 필요가 없을 때, 자신이 그 집단의 구성원이라는 것을 알게 된다. 그런 불문율은 인종, 민족, 종교, 지역, 문화 집단에 따라 다르다. 한 개인의 문화적 직물은 여러 가닥의 실로 만들어지는데, 그 가운데 하나가 경제 계층이다. 이 실들이 하나로 묶이면 서로 다른 문화를 형성하여 개인과 집단의 행동에 영향을 미친다. 이런 규칙 가운데 경제 계층의 규칙은 놀라울 정도로 강력하지만 자주 간과되거나, 아니면 적어도 경시된다.

첨가 모델에서는 다음 관점에 동의한다.

- 불문율은 사람이 살아가는 환경에서 발생하고, 각자 자신이 자라난 계층에서 생존하는 데 도움이 된다. 다시 말해 다른 계층의 규칙을 비판하지 말고, 단지 새로운 선택안과 규칙을 제시하고 폭넓은 대응 방법을 알려주며 다양한 환경에서 협상하는 능력을 길러주는 편이 좋다는 뜻이다. 이런 것들이 개인의 정체성이 아니라 선택 안으로서 제시되기는 하지만 경제적 안정이나 고등 교육이나 맑은 정신 같은 것을 달성하려고 노력하는 사람은 자신의 정체성을 바꾸게 된다. 그 과정을 어떻게 이끌어나갈 것인가는 선택이다. 예전부터 알고 지내던 사람들과 계속 관계를 맺을 것인가, 아니면 새로운 집단으로 이동할 것인가? 이것은 개인적인, 종종 고통스러운 선택이자 과정이다. 자신의 선택 사항을 알면 어떻게 결정하든 이 과정을 좀 더 부드

럽게 넘길 수 있다.

- 중산층이 빈곤층의 불문율을 배우면 이롭다. 빈곤층 사람들이 변하도록 도와줄 수 있게 될 뿐 아니라, 빈곤층의 불문율 자체가 가치 있기 때문이다. 아마도 그 중 첫째는 관계와, 관계에 투자하는 시간이 중요하다는 점일 것이다. 빠르게 친밀한 관계를 형성하는 능력은 하나의 자산이다. 첨가 모델에서는 개인뿐 아니라 변화 이론과 조직 설계 프로그램도 변한다. 중산층 조직은 중산층 사고 방식을 토대로 일하며, 적절한 빈곤층 심리 모형도 없고 자기들이 도우려는 사람들의 불문율도 모를 때가 많다.

사람들이 상황을 통제하는 데 필요한 다양한 반응 방법을 배우고 새로운 기회와 만나는 문으로 들어가려면, 자신이 성장하면서 배운 불문율에 새로운 것들을 보태야(첨가해야) 한다.

언어 문제

아하!프로세스의 접근법에서는 언어 문제를 광범위하게 다룬다. 언어 사용역 정의, 담화 패턴, 이야기 구조, 출생 후 3년간의 언어 체험, 인지 문제, 이 모든 것을 다루는 전략 등에 이르기까지 매우 다양하다. 아하!프로세스의 책, 워크북, 비디오, 수업 전략, 프로그램 설계 전략은 하나의 체계로서 첨가 모델의 훌륭한 사례를 보여준다. 첨가 모델은 바로 이런 언어 문제를 다루면서, 결핍 모델의 문제점이 무엇인지 정확히 진단한다.

첨가 모델은 다음과 같은 관점에 동의한다.

- 사람이 관계를 형성하려면 언어 사용역과 담화 패턴을 능숙하게 사용해야 한다.
- 각 사용역은 그것이 가장 능숙하게 적용될 수 있는 곳에 사용하는 것이 좋다.
- 교사의 중재와 개입 전략은 문제를 명확히 이해하고 정확히 정의한 후에 결정해야 한다.
- 중재 자체는 도움받을 개인의 자산을 토대로 진행되어야 하고, 도와주는 전문가뿐 아니라 빈곤층 사람 자신도 변해야만 한다.
- 뇌의 학습 구조는 개선할 수 있으나, 그러려면 현재의 사고 방식에 어떤 특성이 있는지 알아야 한다. 학교에서는 중재를 무작위로 진행하거나 포괄적으로 해서는 안 된다. 아하!프로세스가 제시하는 전략은 성적과 과목에 따라 달라진다.
- 풍부한 언어 경험은 아이에게 득이 되고 아이가 직장과 학교에서 잘 해나가는 데 도움이 된다.
- 교사는 아이가 입학할 때까지 쌓은 언어 경험을 중시하고, 아이가 다양한 언어 상황에서 능숙하게 길을 찾아내도록 대비시킨다.
- 성인 대상 사회 복지 사업의 경우, 첨가 모델을 적용하는 직원

들은 2개 언어에 능숙해져야 한다(격식 있는 언어를 일상적 언어로 바꿀 수 있다는 뜻).
- 메시지가 무엇에 관한 것이든—심혈관 질병이든, 모유 수유든, 출생 체중이든, 약물 사용 예방이든—전달 방식을 바꾸어야 한다. 흔히 격식 있는 언어로 가르치던 내용이 이제는 자가 발견 과정으로 가르치거나 심리 모형을 사용해 전달된다. 소통은 의미 있는 것이며, 로버트 사폴스키Robert Sapolsky가 '중산층 잡음'(middleclass noise, Sapolsky, 1998년)이라고 명명한 것이 전부가 아니다.

가족 구조

어머니 중심 구조 : 어떤 가족이나 능력과 강점이 있고, 어떤 가족이나 처리해야 할 일에 직면한다. 살아가는 동안 가족은 모두 고통과 난관을 겪게 되지만, 어떤 가족은 싸워나가야 할 고통이 유달리 많은 듯하다. 일상적인 문제나 스트레스 요인을 맞이하면, 가족들은 애쓰는 과정에서 더욱 강해질 것이다. 그러나 가족의 능력을 뛰어넘다 못해 압도해 버리는 것들이 있다. 여기에는 만성 중독, 정신 질환, 질병, 가난이 있다(Henderson, 1996년). 가난한 사람들은 때때로 가난뿐 아니라 다른 난관과도 싸워야 하는데, 가난 자체만으로도 스트레스가 막심하여 가난과 스트레스 관련 질병 사이에 직접 상관이 있을 정도다(Sapolsky, 1998년). 힘겨운 상황에서 가족들은 생존에 어울리는 구

조를 택하게 된다. 이런 맥락에서, 어머니 중심 구조와 그에 연관된 행동 패턴은 자산으로 작용하지만 결핍 모델의 관점에서는 부정적이고 부도덕하기까지 한 것으로 평가된다. 어머니 중심 가족은 기능 장애 가족과 동의어가 아니다. 어떤 경제 계층에서나 그렇듯 여기에서도 기능 장애적인 일이 일어날 소지가 있으나, 가난하게 산다고 해서 반드시 기능 장애적 행동을 한다는 뜻은 아니다. 첨가 모델은 어머니 중심 가족을 이해하도록 돕고, 자원을 늘리는 방법과 지식을 전달해 준다.

첨가 모델은 다음에 동의한다.

- 가족 구조는 가족의 생존을 위해 진화하며, 이것은 강점으로 작용한다.
- 아하!프로세스가 제공하는 지식을 얻을 때와 마찬가지로, 자각이 일어나면 삶의 혼돈을 안정시키고 새로운 미래를 상상하며 새로운 자원을 생산할 대안을 얻게 된다.

성인들과의 지식 공유

공동 조사 : 우리의 지식을 빈곤층 사람들과 나누려면 빈곤의 원인을 조사하는 단체는, 가난이 개인에게 미치는 영향을 조사하고 새로운 정보를 탐색해야 한다. 이 단체에 소속된 사람들은 자신의 자원을 평가해 보고 자신의 미래를 만들어나가기 위해 계획을 설계한

다. 다음은 빈곤층 사람들이 부딪히는 문제를 해소하는 한 가지 방법이다.

가난은 사람들을 순간에 휘둘리도록 사로잡아 추상적인 정보에 주의를 기울이거나 앞날을 위해 계획을 세우기 힘겹게 한다(Freire, 1999년; Sharron, 1996년; Galeano, 1998년). 그런데 바로 이것들이 자원을 생산하고 재정 자산을 축적하는 데 필요한 요소다. 가난의 원인에는 여러 가지가 있어서 가난한 사람의 선택과 연관된 것도 있으나, 공동체의 환경과 정치 경제적 구조와 연관된 원인도 있다(O'Connor, 2001년; Brouwer, 1998년; Gans, 1995년).

첨가 모델은 다음에 동의한다.

- 빈곤층 사람들은 가난이 자신에게 어떤 영향을 미치는지, 경제적 현실이 어떤지 정확히 인식하여 그것을 출발점으로 삼아 다음 단계로 이행할 발전 계획을 생각하고 만들어야 한다(Freire, 1999년; Galeano, 1998년).
- 학습과 추론에 심리 모델을 활용하면, 구체적인 것에서 추상적인 쪽으로 옮겨갈 수 있다(Freedman, 1996년; Harrison, 2000년; Sharron, 1996년; Mattaini, 1993년; Jaworski, 1996년; Senge, 1994년).
- 빈곤층 사람들이 정확한 정보를 잘 활용하리라고 믿을 수 있다. 빈곤층과 상호 존중하는 관계를 형성하고 빈곤층의 공동 조사자로 동참하는 중재자들이 정보를 의미 있는 방식으로 전달하기 때문이다(Freire, 1999년; Sapolsky, 1998년; McKnight, 1995년;

Pransky, 1998년; Farson, 1997년).
- 루비 페인이 온전한 삶에 필요한 자원을 정의해 놓은 내용과 경제 계층의 불문율에 관해 제시한 통찰을 활용하면, 자신과 자신의 상황을 평가하고 적절한 행동을 선택하며 자원을 쌓기 위해 계획을 짤 수 있다(Miller, 2002년).
- 공동체는 빈곤층이 다른 계층으로 이동하는 동안뿐 아니라 장기적인 안목으로 서비스와 지원과 기회를 제공해야 한다 (Putnam, 2002년; Kretzmann, 1993년).
- 빈곤층은 중산층과 부유층과 연계하여, 가난을 유발하는 문제(공동체 차원과 시스템 차원의)를 해소할 수 있다(Phillips, 2002년; Kretzmann, 1993년).

공동체의 지속 가능성에 대하여

공동체의 지속 가능성은 이제 전 세계의 공동체와 국가들이 직면한 과제다. 세상에는 혁명적인 변화가 몇 차례 일어났다. 수렵 사회가 농업 사회로 변했고, 산업 혁명이 일어났으며, 정보 시대가 도래했다. 그리고 이제 우리는 자원을 어떻게 활용하면서 환경을 보존할지, 그와 동시에 귀중한 자원을 어떻게 우리 자손들에게 물려줄지 결정해야만 한다.

전 세계 빈곤층의 삶과 교육에 직접적으로 영향을 미치기 위한 우리의 사명은 이러한 변화와 연관된다. 공동체들은 자신이 자녀들에게 지속 가능한 삶의 방식을 물려주지 못한다는 현실을 깨닫고 나아갈 방향을 탐색하고 있다. 형평성과 임계 질량은 이러한 변화에 영향을 미치는 요소다. 한 공동체가 어떤 이유로든(종교든 인종이든 계층이든) 특정 그룹의 선거권을 박탈한다면, 공동체 전체가 경제적으로 더 가난해진다(Sowell, 1998년). 한 공동체에서 빈곤이 임계 질량에 도달하는데도 상황을 뒤집지 못하면, 자원이 가장 많은 사람이 공동체에서 뛰쳐나가 빈곤 집단만 남게 된다.

위기가 닥쳤는데 그 원인이 된 태도를 바꾸지 않은 채 이제까지 문제를 해결하려고 적용하던 전략을 그대로 적용하려 한다면, 동일한 결과만 반복될 뿐이다. 더 가난해지고, 더 많은 공동체가 위기에 처하게 되는 것이다.

아하!프로세스는 공동체를 '서로 공통 분모가 있고 함께 행동할 가능성이 있는 집단'(Taylor-Ide, 2002년)으로 정의한다. 제2차 세계대전 이후 절정에 달한 풍성한 사회 자본(그 후로 감소세를 보이는 중이다)을 회복해야 한다(Putnam, 2000년). 과거에 공동체 사람들이 각자 자신의 기술과 재주를 발휘해서 새로운 주민이 헛간을 짓도록 도와주었듯이, 이제는 자동 판매기vending machine 비유를 대체하기 위해 새로운 헛간 짓기 전통을 만들어야 한다. 자동 판매기 비유는 공동체 구성원을 단순한 소비자로 전락시킨다. 75센트를 기계에 넣고 딱 그만큼의 상품이나 서비스가 돌아오기를 기대하는 소비자로 말이다. 마음가짐이 이러하니 사람들이 자동 판매기를 발로 차고 흔들고 거기에 욕을 퍼붓는 것도 놀라운 일이 아니다.

첨가 모델은 다음에 동의한다.
- 소비자가 되느니 헛간 건설에 동참하는 게 낫다.
- 세 계층이 모두 참여해야 한다.
- 공동체는 반드시 상대를 서로 이해하고 공통된 언어를 사용하여, 필요한 변화를 만들어내려는 의욕과 동기를 충분히 고취해야 한다.
- 전략은 개인의 행동에서부터 정치, 경제적 구조에 이르기까지 가난의 모든 원인을 다루어야 한다.
- 공동체는 반드시 지적 자본을 축적해야 한다.
- 장기적인 안목으로 20~25년 뒤를 바라보아야 한다.
- 경제 지표처럼 삶의 질 지표도 정기적으로 관찰하고 분석, 보고해야 한다.

결론

우리는 개인과 가족과 공동체가 새로운 문제 해결책을 찾도록 경제적 다양성을 이해하게 해주는 일에 적극 나서야 한다. 지금부터 100년 후에는 가난이 더 이상 경제적으로 불가피한 상황으로 인식되지 않았으면 하는 것이 우리들의 바람이다. 200년 전에는 노예가 경제적 필수품으로 인식되었다. 150년 전에는 여성이 투표해서는 안 된다고 인식되었다. 그 역시 사실이 아니었다. 우리는 2100년이면 사람들이 더 이상 가난을 불가피하다고 여기지 않기를 간절히 바란다. 가난과, 그것이 지속되게 한 요인을 모두 이해하고 처리하기 위해서는 첨가 모델을 적용함으로써 모순을 적극 해결해야만 한다.

계층이동의 사다리

1판 1쇄 인쇄 2011년 5월 25일
1판 1쇄 발행 2011년 5월 30일

지은이 | 루비 페인
옮긴이 | 김우열

편집인 | 최현문
발행인 | 이연희
본문·표지 디자인 | 정현옥
발행처 | 황금사자
출판신고 | 2008년 10월 8일 제300-2008-98호
주소 | 서울시 종로구 홍지동 104-21 세검정아트오피스텔 205호
문의전화 | 070-7530-8222
팩스 | 02-391-8221

한국어판 출판권 ⓒ 황금사자 2011
ISBN 978-89-962226-9-9   13320
값 14,000원

이 책의 한국어판 저작권은 저작권자와의 독점계약을 황금사자에 있습니다.
저작권법에 의해 한국 내에서 보호를 받는 저작물이므로 무단 전재와 복제를 금합니다.

* 잘못된 책은 구매하신 서점에서 바꾸어 드립니다.